A Ciência do Sucesso

Dez leis da natureza aplicadas para o sucesso na vida e nos negócios

PROFESSOR PACHECÃO

A Ciência do Sucesso

Dez leis da natureza aplicadas para o sucesso na vida e nos negócios

Principis

© 2021 Professor Pachecão

© 2021 desta edição:
Ciranda Cultural Editora e Distribuidora Ltda.
Esta é uma publicação Principis, selo exclusivo da Ciranda Cultural

Texto Professor Pachecão	Produção editorial Ciranda Cultural
Editora Michele de Souza Barbosa	Diagramação Linea Editora
Preparação Walter Sagardoy	Design de capa Ana Dobón
Revisão Erika Alonso	Imagens Fran_kie/shutterstock.com LedyX/shutterstock.com

Dados Internacionais de Catalogação na Publicação (CIP) de acordo com ISBD

P116c   Pachecão, Professor.

A ciência do sucesso: dez leis da natureza aplicadas para o sucesso na vida e nos negócios / Professor Pachecão. - Jandira, SP : Principis, 2021.
160 p. ; 15,50cm x 22,60cm.

ISBN: 978-65-5552-592-2

1. Autoajuda. 2. Autoconhecimento. 3. Desenvolvimento. 4. Crescimento. 5. Habilidades. I. Título.

CDD 158.1

2021-0245   CDU 159.92

Elaborado por Lucio Feitosa - CRB-8/8803

Índice para catálogo sistemático:
1. Autoajuda : 158.1
2. Autoajuda : 159.92

1ª edição em 2021
www.cirandacultural.com.br
Todos os direitos reservados.
Nenhuma parte desta publicação pode ser reproduzida, arquivada em sistema de busca ou transmitida por qualquer meio, seja ele eletrônico, fotocópia, gravação ou outros, sem prévia autorização do detentor dos direitos, e não pode circular encadernada ou encapada de maneira distinta daquela em que foi publicada, ou sem que as mesmas condições sejam impostas aos compradores subsequentes.

Agradeço a DEUS, aos meus pais Antônio e Hercília, à minha esposa Ritinha e ao meu ex-aluno e amigo João Chequer que me incentivou a escrever este livro.

Sumário

Introdução – Uma vida em sala de aula 11

    Por que decidi escrever este livro? 11

    As leis da natureza explicam 13

    O Iluminismo 16

    Somos feitos de átomos 17

Plano de voo – a teoria e a prática 21

Lei da conservação de energia 23

    O conceito 23

    A explicação 25

    A lei da conservação de energia em nossa vida 29

A Terceira Lei de Newton – Ação e Reação 41

    O conceito 41

    A explicação 42

    Ação e reação e a importância da caminhada 44

Foco 50

    O conceito 50

    A explicação 50

    O foco e as metas 52

Ótica – A luz 57

    O conceito 57

    A explicação 59

    A reflexão e o valor da sua marca 61

Eletricidade 67

    O conceito 67

    Força elétrica (Lei de Coulomb) 69

    A explicação 71

    A eletricidade e os relacionamentos 72

A Segunda Lei de Newton 79

    O conceito 79

    A explicação 81

    A segunda lei, o poder da liderança e a força da equipe 82

Ondas 88

    O conceito 88

    A explicação 91

    A ressonância e a comunicação 94

A Primeira Lei de Newton 100

    O conceito 100

    A explicação 102

    A lei da inércia e a inovação 104

A CIÊNCIA DO SUCESSO

Física Moderna 111

    O conceito 111

    A Física Moderna e os sonhos 114

Força gravitacional 118

    O conceito 118

    A explicação 119

    Força gravitacional e mãos à obra 121

    Conclusão – Pachecão e as Leis da Natureza 122

    Ressonância 139

    Força gravitacional 150

    A ciência do sucesso 153

Referências 157

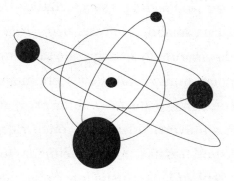

Introdução

Uma vida em sala de aula

Por que decidi escrever este livro?

Primeiro, porque sou professor de cursinho e convivi durante 25 anos com centenas de milhares de jovens com suas ansiedades, problemas imaginários, talentos diversos e neuras desnecessárias. Em cada sala de aula que entrava eu me deparava com turmas abarrotadas, jovens sentados pelos corredores, alunos saindo literalmente pelo "ladrão", algo em torno de 300 a 400 vestibulandos apinhados num único espaço, geralmente com idade entre 18 e 20 anos. Relacionei-me e ainda me relaciono com essa faixa etária, que pode ser considerada como a mais exigente do espectro da raça humana…

PROFESSOR PACHECÃO

Confesso não ser fácil atender às expectativas desta galera, pois, além da cobrança na qualidade do serviço, "rola" a exigência na impecabilidade da conduta. Não nego que são "superbacanas", entretanto, são também muito astutos e visceralmente críticos.

Como professor, o meu papel foi (e ainda é) capacitá-los a encarar os vestibulares das universidades mais concorridas do país e para os cursos mais disputados nas mais conceituadas universidades. Ao pensar isso me arrepio! O mais instigante é que tudo isso tem de ser feito em um curto período de tempo, geralmente em seis meses, em um curso intensivo. E esse é o tempo de que disponho para colocá-los a "ponto de bala". Assim, é preciso me desdobrar tendo em mente que a ordem do dia e de todo o sempre é: **aprovação maciça**.

Dessa forma, meu trabalho consiste, sobretudo em atender aos desejos dos jovens, ao anseio dos pais e às expectativas dos diretores do curso.

Cada candidato com sua cabeça e em cada cabeça um sonho, uma meta a ser alcançada. E eu ali no meio deste fogo cruzado, sendo exigido das mais variadas formas. Ufa! Haja pressão! Mas a pressão existe, sempre existirá e é necessária. Lembre-se de que o diamante é um carvão que "se deu bem" sob pressão. Outro exemplo deste grande desafio que, por sinal, é frequente nos cursinhos é o de ensinar a quem já sabe muito e a quem nada sabe, ao mesmo tempo e no mesmo lugar. A aula deve apresentar algo novo e interessante para todos os tipos de candidato, senão a sala se esvaziará. Mais precisamente, tenho que agradar a gregos e troianos, simultaneamente.

Confesso que isso é um belo exercício e um "baita" desafio.

Sudorese, calafrios e palpitações não ritmadas tornam-se tão naturais como se pertencessem ao grupo de movimentos peristálticos dos muitos que nosso corpo já possui. O conteúdo a ser dado, coisa que muitos já viram várias vezes e poucos aprenderam, deve conter a embalagem da novidade e a profundidade necessária para atender a todos os programas dos vestibulares. Se o nível da aula for elevado, quem nada sabe (a maioria) se retirará e vai reclamar no corredor. Por outro lado, se o nível for "rasteiro" e superficial, tenho grande probabilidade de perder o melhor aluno, aquele que tem grande chance de ser aprovado em primeiro lugar geral do vestibular na melhor universidade. Acredito ser a minha profissão uma das mais exigentes e estressantes (e menos valorizadas) que existem.

Fazendo uma transposição para o mundo dos negócios, diria que meu trabalho como professor de cursinho é similar ao de um líder de uma organização. Ou seja, aquele que tem por meta conduzir ao sucesso pessoas com talentos diferenciados, necessidades e expectativas distintas.

Além de motivá-los e capacitá-los, é preciso ajudá-los na descoberta do caminho a seguir (coisa que na maioria das vezes nem mesmo eles sabem) para a consecução de seus objetivos.

As leis da natureza explicam

O segundo e principal motivo que me levou a escrever este livro é a dívida que tenho para com a Física, esta disciplina tão temida pelos alunos, mas de tão fácil compreensão. Assumi a missão de torná-la acessível a todos, mesmo até para aqueles que pensam que nunca mais precisarão dos seus fundamentos, tais como líderes das mais diversas corporações.

A Física é a disciplina que busca compreender os fenômenos da natureza. Quando o homem passou a fazer uso de seus conceitos e princípios sua vida mudou para melhor. Basta dizer que "entramos no século XX a cavalo e saímos dele a bordo de naves espaciais".

Desde pequeno acredito que você, assim como eu, ouviu dos pais: "Meu filho, ouça os mais velhos, aprenda com eles, ouça a voz da experiência". Quero dizer que eles estavam brilhantemente corretos. E quem é o mais velho dentre nós? A quem devemos ouvir, afinal? Resposta: a natureza!

O planeta Terra tem em torno de 4,5 bilhões de anos de existência. Já está bastante crescido e, com certeza, sabe o que está "falando". Então, vamos ouvi-lo. Saiba que ele nunca nos deixará sem respostas. Observe-o, pois, muitas vezes, ele fala nas entrelinhas. O próprio Goethe já havia observado isso e certa vez disse "a natureza é o único livro que oferece um conteúdo valioso em todas as suas folhas". E suas leis são tão simples que até mesmo os animais conseguem captá-las. Veja o exemplo dos gansos, eles descobriram que voando em forma de V reduzem consideravelmente a resistência do ar e por isso conseguem voar aproximadamente 70% mais longe do que quando voam sozinhos. Os cupins constroem suas torres de barro expostas à luz solar e nem sequer usam algum tipo de circulador de ar em seu interior.

Recentemente, um arquiteto inglês desejou construir um prédio que apresentasse o mínimo em consumo de energia elétrica para refrigerar o ar nos seus ambientes. Para isso pensou em minimizar, até mesmo em eliminar, o uso de aparelhos de ar condicionado. Foi então buscar na natureza uma solução para o seu problema. Munido

A CIÊNCIA DO SUCESSO

de uma pá e de outros implementos agrícolas, acampou diante de um cupinzeiro e deu início a um processo de investigação. Em meio aos inúmeros labirintos que encontrou num pequeno pedaço do material em análise, ele questionou o porquê daquela conformação. Concluiu, usando as leis da aerodinâmica e mecânica dos fluidos, que aquele formato de túnel, com comprimentos variados e cheios de estrangulamentos, era para criar uma diferença de pressão que se fazia necessária para permitir que o ar circulasse da base ao cume daquela obra de arte natural. Constatou que os cupins são exímios arquitetos, com sua sofisticada engenharia e qualificada mão de obra conseguem reduzir a zero o consumo de energia e proporcionar o máximo em conforto a toda a sua comunidade. Eles simplesmente fazem uso das leis da natureza, leis estas que serão abordadas e comentadas ao longo deste livro.

De volta à sua prancheta e inspirado pelas teorias "cupinianas", o arquiteto conseguiu construir o pretendido prédio e, o mais espetacular, atingiu o seu intento, com uma construção cujo consumo de energia para refrigerar seus ambientes é bem menor que nos prédios convencionais.

Se você deseja construir uma caixa que armazene o máximo em volume, que formato deverá ter? Caso não esteja disposto a realizar sofisticados cálculos, análises gráficas e outros malabarismos matemáticos, dirija-se a um apiário e veja o formato das figuras geométricas no interior de um favo de mel. Para surpresa de todos nós, as abelhas já sabem a melhor forma de armazenagem, com o maior conteúdo no menor espaço. A forma encontrada (sabe-se lá como elas conseguiram chegar a essa conclusão) é a de um hexágono regular.

Esses exemplos nos mostram que temos que aprender a usar a natureza a nosso favor, pois ela tem as respostas para todas as nossas dúvidas.

Na realidade, ela nunca nos deixará sem respostas.

O Iluminismo

Alguém já disse que os segredos da natureza estão escritos em linguagem matemática, de modo que, sem conhecer essa linguagem, não poderemos conhecer mais profundamente o mundo em que vivemos.

Todas as obras da natureza têm lógica matemática.

O homem conscientizou-se disso e mudou a forma de pensar e de relacionar-se com a natureza. Essa mudança foi tão significativa que se transformou numa corrente de pensamento que colocou a razão como critério da verdade e do progresso da vida humana, movimento este denominado ILUMINISMO. Segundo os filósofos do Iluminismo, as leis naturais regulam não apenas os fenômenos da natureza, mas também as relações sociais.

Ao longo dos anos nos aperfeiçoamos e conseguimos, depois de muita observação, traduzir muitas leis da natureza. Até hoje fazemos isso. A maioria das teses de mestrado e doutorado tem essa finalidade.

Qualquer descoberta é feita por meio de um estudo meticuloso das leis da natureza e, por meio de muito empenho e determinação, conseguimos descobrir os seus segredos.

Isaac Newton, com sua sensibilidade, conseguiu perceber que se uma pessoa puxa uma mesa para a direita e outra pessoa de igual força puxa para a esquerda, uma força cancela a outra e a mesa não sai do lugar. Mas se os dois puxarem a mesa para um mesmo lado, ela certamente sairá do seu lugar e moverá com a maior aceleração e velocidade possíveis.

Assim escreveu a Segunda Lei de Newton. Veja bem, essa lei não é de Newton, é da natureza, ele apenas a traduziu. Veremos as aplicações da Segunda Lei de Newton em nosso cotidiano mais adiante.

Somos feitos de átomos

Somos todos feitos de átomos. Somos um monte de átomos falando para outro monte de átomos. E os nossos átomos têm a mesma idade do universo, algo em torno de 13,5 bilhões de anos, afinal, eles são oriundos de antigas estrelas que explodiram e seus restos formaram o nosso sistema solar. Consequentemente, todos eles têm a mesma idade, seja você adulto ou criança.

Os mesmos tipos de átomos que constituem nossos corpos também são encontrados nas estrelas. Somos poeira de estrelas, fomos feitos para brilhar. A própria luz que vem do Sol é decorrente da união de quatro átomos de hidrogênio (trabalho em equipe) que se unem para formar o gás hélio, além de produzir luz. Essa luz que vem do Sol atravessa o espaço sideral e atinge o nosso planeta, as plantas absorvem uma parte dela e produzem a fotossíntese. Alimentamo-nos dos frutos que elas produzem e a vida prossegue, ou seja, as árvores transformam para nós a energia contida nos raios de luz em carboidratos para que possamos viver. Precisamos do Sol, precisamos das árvores, precisamos de tudo e de todos, estamos imperceptivelmente ligados. Consciente disso, dê um forte abraço em quem estiver ao seu lado (seu chefe de preferência) e diga-lhe com bastante convicção: EU PRECISO DE VOCÊ. Se ele duvidar justifique: "Olha aqui, irmãozinho, se eu preciso dos átomos do Sol que estão a 150 milhões de quilômetros, que dirá dos seus que estão aqui encostadinhos em mim. Eu preciso de você. Acredite!".

Nós todos somos iguais em essência e nada nos difere, a não ser nossas crenças, nossos valores, nossos princípios e nossas estratégias. Tudo nos une, nada nos separa. Você foi feito para o sucesso, é só definir o que se quer na vida e caminhar. Lembre-se de que somos seres de caminhada, prova disso é que metade do nosso corpo é constituído por pernas. Faça planos, estabeleça metas e destemidamente vá adiante. As metas motivam e a vontade nos faz caminhar. Independentemente de seu ramo de atividade, as leis da natureza lhe serão úteis. O universo se encarregou ao longo de bilhões e bilhões de anos em aprimorar e refinar essas leis para nós. O universo é regido por leis. E essas leis são tão precisas que não tivemos dificuldades em construir espaçonaves e colocá-las no espaço. Observe o avião, se o piloto e o próprio avião não violarem as leis da aerodinâmica e da gravidade, o voo será tranquilo e o pouso garantido no lugar desejado. O mesmo acontecerá àqueles que usarem as leis da natureza em seus negócios e na própria vida. Algumas turbulências podem surgir ao longo do percurso, todavia isso faz parte do processo. Sem elas, voar é inconcebível. Assim, ajuste sua bússola, complete seu tanque de combustível, vá até a cabeceira da pista e acione suas turbinas. Use corretamente as leis da natureza e voe em direção ao seu sonho, à sua meta.

Este livro será ainda uma excelente oportunidade para você relembrar alguns conceitos da Física que estudou no colégio e nos

A CIÊNCIA DO SUCESSO

cursinhos (que muito provavelmente odiava) e mudar radicalmente o seu ponto de vista com relação a essa disciplina. Você vai ficar surpreso: a Física serve para muita coisa! Quem sabe pode até ajudá-lo na conquista de seus objetivos.

Fiz uma releitura das leis da natureza e encontrei, por coincidência ou não (acredito que não), similaridades entre várias dessas leis com tudo aquilo que os livros de autoajuda e os principais gurus da administração pregam como sendo atitudes relevantes para o sucesso: trabalho em equipe, criatividade, inovação, entusiasmo, foco, execução, etc., etc., etc.

Vou apresentar neste livro, de maneira simplificada, interessante e divertida, as leis da natureza não apenas aplicadas aos corpos em movimentos, mas principalmente aplicadas aos nossos comportamentos e às nossas atitudes. Não se preocupe com as fórmulas que serão apresentadas durante o texto (prometo que desta vez você não será obrigado a decorá-las).

Busque apenas compreender o que as leis querem dizer e suas aplicações no dia a dia. As fórmulas serão úteis principalmente para recordar os bons tempos da sala de aula.

Tenho certeza de que, depois de ler este livro, você amará a Física, pois vai descobrir "A Ciência do Sucesso".

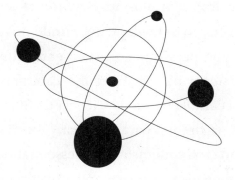

Plano de voo
A teoria e a prática

Este livro pode ser dividido em duas partes (a teoria e a prática) e ter a sua leitura realizada de duas maneiras.

Se você for daqueles que gostam de estudar sobre o assunto que for trabalhar primeiro, para depois colocá-lo em prática, sugiro que leia o livro do início ao fim, na sequência natural dos capítulos.

Já se você for um pouco mais impaciente com a teoria, daqueles que partem direto para a prática, para depois buscar compreender o porquê dos resultados, e o que pode ser ou não melhorado, comece sua leitura pela conclusão. Depois volte aos capítulos anteriores e descubra como as leis da natureza realmente podem contribuir para o seu próprio desenvolvimento.

Nos dez primeiros capítulos apresentarei as leis da natureza e suas implicações em nossas vidas e no mundo dos negócios. Como verão, fiz o máximo para transformar o entendimento dessas leis possível para qualquer pessoa. Esses dez capítulos iniciais podem ser considerados como a teoria da Ciência do Sucesso.

Na conclusão, partiremos para a prática. Como as leis da natureza podem ser aplicadas na conquista do sucesso usando como exemplo uma história real de vida. Apresentarei a história de um professor de Física que conquistou os seus sonhos improváveis e desejos mais profundos utilizando o poder dessas leis.

Boa leitura!

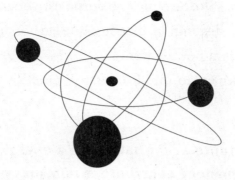

Lei da conservação de energia

O conceito

Lavoisier, certa vez disse: "Na natureza nada se perde, nada se cria, tudo se transforma".

Então, James Prescott Joule, o criador da máquina a vapor, baseando-se em Lavoisier, criou a frase: "A energia não pode ser criada nem destruída, apenas transformada ou transferida".

Existem várias formas de energia, e à soma de todas essas formas dá-se o nome de energia total ou simplesmente energia. Por exemplo, se um corpo possui velocidade, dizemos que ele possui energia cinética. Se ele estiver no alto de um prédio, dizemos que ele possui energia potencial gravitacional em relação ao solo, pois está a uma certa altura desse solo. Se o mesmo corpo estiver atado a uma mola comprimida e ou distendida, dizemos que ele possui energia potencial elástica, e assim por diante.

Podemos dizer então que E total = E cinética + E potencial + E elástica...

O importante aqui é saber que a energia total é que permanece constante, e não suas parcelas.

Se a velocidade de um corpo sofrer variação, sua energia cinética também sofrerá. Se a altura desse corpo em relação ao solo variar, sua energia potencial gravitacional também variará.

Momento Flash Back

- Um corpo de massa **m** e velocidade **v** apresenta uma energia cinética que é proporcional à massa e ao quadrado da velocidade.
- Um corpo de massa **m**, situado a uma altura **h** do solo, possui em relação ao solo uma energia potencial gravitacional que é proporcional à massa e proporcional à altura.
- Um corpo de massa **m**, atado a uma mola de constante elástica **k** e deformada de uma porção **x** em relação ao seu ponto de equilíbrio, apresenta uma energia potencial elástica que é proporcional ao quadrado da deformação e à sua constante elástica.

Para que a energia total de um corpo permaneça constante é necessária mais uma condição, a de que não haja a ação de nenhuma força opondo-se ao movimento desse corpo, como a força de atrito, a força de resistência do ar, entre outras... A essas forças damos o nome de forças dissipativas, pois elas transformam energia em calor (energia térmica).

Podemos então enunciar o Princípio da Conservação da Energia, que é um dos princípios mais importantes da natureza, da seguinte forma: **A energia total de um corpo permanece constante se nele não atuarem forças dissipativas**.

A explicação

A definição de energia que conhecemos é que **energia é a capacidade de realizar trabalho**.

Um carro, por exemplo, a 100 km/h possui energia cinética e fica fácil percebermos que se ele colidir com um poste haverá realização de trabalho. Parte dessa energia foi utilizada para deformar a lataria do carro e a outra parte foi utilizada para quebrar o poste ou, pelo menos, para tirá-lo da posição em que ele se encontrava.

Percebe-se facilmente que em tudo o que fazemos em nosso dia a dia gastamos energia. O fato de levantarmos da cama pela manhã nos exige certa quantidade de energia. Até mesmo para abrir nossos olhos gastamos energia. Sem energia nada acontece, nada se move, tudo fica literalmente travado.

Quando ainda garoto eu morava em um pequeno sítio da minha avó que ficava a uns dois quilômetros da cidade de Laranjal, interior de Minas Gerais, mais precisamente na Zona da Mata mineira. Lá eu trabalhava no curral com o meu pai e depois levava o leite para a cidade. Era comum, durante a entrega do leite, eu conversar com as pessoas da cidade, e nessas conversas eu percebia que elas estavam desejosas de que o município se desenvolvesse e se tornasse um polo industrial ou de serviços da região. Para tanto, seria necessário que as pessoas empreendessem, estudassem, investissem, trabalhassem, ou, pelo menos, que levantassem da cama o mais cedo possível e saíssem à procura do que fazer.

Mas, para minha decepção e a de todos, elas levantavam, tomavam o seu café da manhã e minutos depois estavam sentadas nas portas das lojas e dos mercados conversando sobre futebol, economia ou outros assuntos de seus interesses. Percebi que a energia disponível naqueles corpos vigorosos ficava acumulada ou era gasta de forma inútil, e que em nada contribuía para o progresso da cidade. A inércia (será visto no capítulo "A Primeira Lei de Newton") os impedia de promover o crescimento e o desenvolvimento do município. Para mudar esse quadro de coisas e tirar o pessoal da inércia, me dispus a usar a energia que estava acumulada em minhas células e transformá-la em energia útil. Fui a uma borracharia da cidade, negociei a liberação de um pneu usado de carreta e de lá comecei a empurrá-lo até a parte mais alta do morro que circundava a cidade.

Atente-se para a transformação da energia. A energia química que estava acumulada em minhas células serviu para levar o pneu até a parte mais alta, ou seja, a energia química foi transformada em energia potencial gravitacional.

Caso queira visualizar essa situação inusitada, basta assistir ao filme *A Era do Gelo* e você verá uma cena parecida quando um esquilo empurra insistentemente uma avelã morro acima.

A CIÊNCIA DO SUCESSO

Do alto do morro e com o pneu em mãos, eu observava detidamente a cidade. A calmaria era total. A pasmaceira estava mesmo impregnada no âmago daquelas pessoas, e diante do que vi, pouco se podia esperar. Sentia que alguma coisa deveria ser feita para que o progresso se instalasse de vez entre aquelas pessoas, ou que, pelo menos, elas se movessem. A única alternativa de que dispunha era devolver aquele pneu à cidade, empurrando-o morro abaixo. E assim o fiz. Quando eu o abandonei, percebi que ele se movia conforme o imaginado, descia de forma desembaraçada, corajosa, dava prazer vê-lo em seu movimento acelerado. A mira foi perfeita, pois minutos depois ele entrava por uma rua da cidade a todo vapor, desgovernado, é fato, mas ele chegou "chegando" a uns 300 km por hora. E aquela rua, que outrora estava infestada de gente sem ter o que fazer, agora elas tinham, que era correr e se esconder em algum canto para se protegerem, pois o pneu vinha arrancando todo tipo de coisa que, porventura, estivesse em sua trajetória. Mães corriam assustadas à cata de seus filhos menores, outras gritavam para os desavisados se protegerem, era uma algazarra só.

Estava havendo ali a conversão da energia potencial gravitacional em energia cinética. Se não houvesse força de atrito e nem resistência do ar, o pneu estaria se movendo até hoje pelos arredores daquela cidade. A energia durante o movimento do pneu não foi criada, tampouco destruída, apenas transformada de uma forma em várias outras.

Percebi desde aquela época que a energia se transformava de uma forma útil em outra, e que a soma de todas as partes da energia total que um corpo apresentava dava um valor que permanecia sempre o mesmo. Isso aconteceu com todos os pneus que nas incontáveis vezes levei àquele mesmo ponto do morro que circunda a minha

PROFESSOR PACHECÃO

pequena Laranjal. Até mesmo no dia em que tive que abortar aquele projeto às pressas. Com suas casas detonadas, carros amassados e crianças assustadas, a cidadezinha se mobilizou. Na medida em que eu avançava com um novo pneu morro acima, as pessoas vieram correndo em minha direção gritando: Pega! Pega! Pega! Dessa vez a energia química acumulada em minhas células foi transformada em energia cinética de minhas pernas e corpo. Estou correndo até hoje. Percebo que esse evento ficou definitivamente marcado na memória dos meus conterrâneos. Ainda hoje quando chego a passeio por lá, a primeira pergunta que as pessoas me fazem é:

– E aí, professor, quando é que o senhor volta?
– Ô, gente, eu acabei de chegar!!!

A natureza quando vai produzir uma estrela, uma árvore, uma célula, também passa por transformações de energia. Na produção de uma galáxia, por exemplo, a natureza nos surpreende de uma forma extremamente fantástica. Ela converte massa em energia. Isso foi percebido por um dos gênios mais brilhantes que já passaram por este planeta, Albert Einstein. Em 1905, ele publicou um trabalho sobre este assunto, que hoje chamamos de Relatividade Especial. Em um de seus artigos ele nos revelou esse grande trunfo da natureza, a de transformar massa em energia. A quantidade de energia obtida é diretamente proporcional à massa e à velocidade da luz ao quadrado. Constatamos, contudo, que a massa é uma forma de energia. Hoje utilizamos uma pequena massa de material físsil para abastecer porta-aviões. Um monstrengo de 90 mil toneladas, que transporta em torno de 5.000 pessoas e outras centenas de quinquilharias é reabastecido, acredite, somente a cada 26 anos. Isso porque ele possui em seu interior um reator nuclear que transforma matéria em energia. Fazer isso só se tornou possível após a brilhante revelação de Einstein. O Sol, para nos aquecer, usa de processo semelhante. Quatro átomos de hidrogênio se unem para formar um átomo de hélio e, consequentemente, uma grande quantidade de energia é liberada.

A vida, portanto, consiste numa luta constante para acumular e usar energia. Seja o que for: galinhas, árvores, alfaces, vírus, fungos, estrelas, bichos de pé, pessoas, etc... Estamos sempre **transformando coisas**, e tudo isso se **faz à custa de energia**.

Constata-se que a energia total é sempre constante, mas suas componentes variam, e é nessa transformação que está a essência de nossas vidas. Vamos nos concentrar nisso então, nas infinitas possibilidades de transformação de energia e o que podemos fazer com a energia que o universo nos disponibiliza.

A lei da conservação de energia em nossa vida

"Para atingir resultados econômicos, concentre-se em poucas áreas – as oportunidades decisivas – evitando o desperdício de energia e de recursos."

PETER DRUCKER

"Grandes almas sempre encontraram forte oposição de mentes medíocres."

ALBERT EINSTEIN

"Não aponte defeitos, aponte soluções. Qualquer um sabe se queixar."

HENRY FORD

Uma das questões fundamentais que proponho neste livro é: Como você transforma sua energia? O que você faz com ela? Como podemos transformá-la em algo valioso e interessante?

Seu sucesso certamente dependerá da maneira como transformou a sua energia durante sua vida.

A energia que adquirimos com a ingestão de alimentos é transformada de duas formas: a efetiva ou útil e a não efetiva ou perdida.

$$E(alimentos) = E(\text{útil}) + E(perdida)$$

A energia efetiva é aquela gasta na realização de um determinado trabalho, essa é a parte que mais interessa ao sistema de produção e ao nosso bolso. Enquanto a não efetiva interessa ao nosso corpo e à nossa vaidade.

Essa parcela diz respeito à quantidade de energia que é gasta para promover o perfeito funcionamento do nosso corpo e também nas difíceis relações que encaramos em nosso dia a dia com nossos parceiros e familiares.

Para potencializar nossos resultados e chegar rapidamente aos nossos objetivos temos que aprender com a natureza a forma mais eficiente de se fazer isso. Ela se revelou a James Watt e ele nos apresentou esse novo conceito: potência.

Potência

A potência é uma grandeza que mede a rapidez com que se realiza um trabalho, ou seja, mede a rapidez com que uma forma de energia é transformada em outra.

A CIÊNCIA DO SUCESSO

Para entendê-la basta saber que a potência é diretamente proporcional à energia e inversamente proporcional ao tempo.

Nessa velha e admirada relação, temos que **P** é a potência obtida, **E** a energia transformada na realização do trabalho e **t** o tempo gasto para sua execução.

A natureza nos recomenda que para aumentarmos nossa produção devemos ser mais eficientes. Para isso não tem segredo. Basta converter o máximo de energia em trabalho possível e no menor intervalo de tempo.

Time is money, essa é a recomendação geral do mundo capitalista. Portanto, minimize o tempo perdido nas discussões desnecessárias, na utilização do telefone, da internet, nas intermináveis reuniões, etc. Voltando sua atenção para a execução de sua tarefa, seus rendimentos duplicarão.

A natureza, ao longo de sua jornada, aprendeu como se produzem ações com rendimento máximo; recorramos novamente a ela.

Rendimento

O rendimento é entendido como a razão entre a **E**(útil), que é a energia que efetivamente realiza trabalho, e **E**(alimentos) é a soma da *útil* e a *perdida*.

$$E(alimentos) = E(útil) + E(perdida)$$

Essa ideia nos revela que o máximo rendimento será obtido quando utilizarmos a energia que possuímos da forma mais útil possível. Isso se faz de duas maneiras: uma é minimizando ao máximo os atritos e aborrecimentos que, porventura, tenhamos com as pessoas com as quais nos relacionamos em nosso dia a dia. E a outra é reduzindo a energia que gastamos com o funcionamento do nosso próprio organismo. Para isso devemos ter cuidado com os nossos pensamentos e sentimentos. A maneira como pensamos e agimos pode provocar gastos desnecessários de energia.

Posicione sua mente e seus pensamentos

O ser humano é fantástico. Por sermos os únicos seres racionais deste planeta, somos responsáveis pela maneira como utilizamos boa parte de nossa energia. O ato de pensar, por si só, demanda grande quantidade de energia, e a maneira como posicionamos esses pensamentos definirá como gastaremos o restante de nossa energia em nossas ações. Para simplificar, podemos encarar todas as situações e posicionar nossos pensamentos sempre de duas maneiras: com otimismo ou pessimismo. Esta decisão simples desencadeará todo o processo de dispêndio de energia.

Aqueles que posicionam suas mentes de maneira pessimista mediante uma situação, normalmente não encontram respostas, nem soluções para os problemas apresentados. Costumam gastar toda a energia em reclamações e lamentações. As ações se tornam nulas, e o máximo que conseguem é transformar energia num ambiente negativo, pouco produtivo e propício ao fracasso e à *inércia* (capítulo "A Primeira Lei de Newton").

O pensamento pessimista é muito perigoso, e temos que fugir dele a todo o instante. Pessoas que continuadamente agem dessa forma contaminam imensamente o ambiente em que convivem, e em um cenário futuro, tendem a terminar sozinhas e depressivas.

A CIÊNCIA DO SUCESSO

Tome cuidado

É incrível como temos uma enorme tendência a criticar, a observar apenas o lado ruim das coisas e das pessoas. E o pior, quando fazemos isso, muitas vezes até sem querer, espalhamos o pessimismo para todos os que estão ao nosso redor. **Agir dessa forma não contribui em nada para a construção do sucesso**. Em algum momento essas coisas ruins que falamos de alguém ou de alguma coisa certamente pesarão contra nós mesmos (capítulo "A Terceira Lei de Newton – Ação e Reação").

Aquela pessoa de quem hoje falamos mal, amanhã poderá ser nossa parceira em algum novo negócio, e como sabemos que notícia ruim corre rápido, certamente aquele nosso comentário negativo provavelmente já chegou aos ouvidos dela.

Otimismo sempre

É consenso. **Pessoas de sucesso são sempre otimistas**. E posicionam suas mentes desta maneira em qualquer situação: em um novo projeto, com relação ao mercado e às crises que sempre existirão, com relação aos problemas, enfim, são otimistas por natureza. Quando posicionam suas mentes com otimismo, não dissipam energia em coisas inúteis ou improdutivas.

O *foco* (capítulo "Foco") está voltado para a solução de problemas, na criação de novos produtos e serviços (capítulo "A Primeira Lei de Newton – Inércia"), e em encontrar a melhor maneira para agir em todas as situações que o mercado apresenta.

Enfim, a energia é transformada em algo útil para o seu projeto, trabalho ou negócio. O rendimento nesses casos é sempre maior.

Pessoas otimistas também contaminam o ambiente. Mas contaminam com entusiasmo e com alegria. São pessoas automotivadas e normalmente têm a autoestima elevada (capítulo "Ótica – A luz"). Assim, o ambiente criado é bastante propício ao surgimento de novas ideias, à solução de problemas e ao trabalho em equipe (a *eletricidade,* que veremos mais adiante no capítulo "Eletricidade").

Então fica aqui o convite, seja otimista. Ser otimista é uma opção, e o simples posicionamento de sua mente dessa maneira já é um grande passo na caminhada para o sucesso!

A Paz e o Perdão – Evite o desperdício de energia

A maior parte de nosso tempo é gasto em relacionamentos, seja no trabalho, em casa, na escola, na academia ou na "pelada" de final de semana. Então temos que garantir que a energia utilizada durante nossos relacionamentos se transforme em coisas positivas e, portanto, não seja desperdiçada. O segredo para isso é estabelecer a paz em todos os ambientes em que vivemos. Se estivermos em paz com as pessoas, certamente não perderemos tempo e energia desnecessária em brigas, discussões, problemas pessoais, etc.

Imagine agora você dentro de uma organização. Nela você deve executar tarefas, criar novos produtos, dar nova roupagem aos já existentes, participar de reuniões e, caso esteja em alguma posição de liderança, orientar colaboradores. Já pensou, se além de fazer tudo isso, você ainda tiver que resolver conflitos, dificuldades de relacionamentos, ou alguma forma de atrito entre as pessoas do seu grupo? Observe que, se a equipe estiver toda "redonda, azeitada", você não dissiparia essa parcela de energia. Na realidade, ela seria

A CIÊNCIA DO SUCESSO

transformada em algo útil, de uma forma mais positiva e eficiente. Pense nisso! Não devemos levar as relações de uma forma séria demais. Devemos ter mais esportividade, mais companheirismo e mais leveza em nossos relacionamentos. O mesmo acontece à natureza. Quando um corpo é arrastado, aparece uma força de atrito por causa das irregularidades entre as partes em contato. Quanto mais ásperas elas forem, maior a força de atrito e maior a perda de energia durante esse processo.

Agora que aprendemos com a natureza a melhor forma de trabalhar com a energia, vamos fazer o seguinte: seremos menos ásperos com os outros, seja no trânsito, em casa, no trabalho ou em qualquer outro lugar, para que essa parcela de energia gasta desnecessariamente seja a menor possível.

A realidade é que não somos obrigados a gostar de todo mundo, entretanto, precisamos estar abertos a novos relacionamentos. E uma excelente forma de conquistarmos a paz nos ambientes nos quais vivemos e, assim, não desperdiçarmos energia desnecessária, é aceitar todas as pessoas como elas são, com seus defeitos e suas qualidades. Saber ouvir opiniões divergentes, sem brigas nem ofensas. Seja "manero", seja do bem! E assim, por meio da paz e da harmonia conquistadas, conseguimos transformar ambientes permeados por pessoas potencialmente desagregadoras em uma *somatória de forças* (capítulo "A Segunda Lei de Newton") para o sucesso.

Resumindo, minimize o desperdício, converta toda sua energia em forma útil, na realização de uma tarefa. Cumpra seu papel de cidadão e colaborador, espalhe positivismo e otimismo ao seu redor. Curta a vida e a caminhada, ame as pessoas, esteja pronto para o sucesso e alcance os píncaros da glória.

PROFESSOR PACHECÃO

Perdoar

PERDOAR é um verbo que só é conjugado por pessoas fortes, assim como você e eu. Lamentavelmente, os fracos não perdoam, eles se vingam. Para transformar-se em um homem de sucesso, tire agora e para sempre de seu coração todos os sentimentos de inveja, ciúmes, vingança, e coloque no lugar sentimentos de amor, esperança, acolhimento e paz. Se tiver dificuldades para perdoar, lembre-se de Jesus Cristo no momento em que estava pregado na cruz. Ele olhou para os seus inquisidores e depois para o Céu, dizendo: "Pai, perdoa-os, eles não sabem o que fazem".

A partir de agora, faça um esforço, não é preciso violentar-se, mas insista em transformar-se. Esforce-se para sair do time dos "peles sensíveis", aquelas pessoas que se aborrecem por qualquer coisa ou ficam magoados por qualquer comentário, e passe a perdoar sempre. No calor das atividades, as pessoas falam e agem de forma destrambelhada, e nem sempre têm consciência do que andam fazendo e falando. Nessa pulsação e nesse descontrole, acabam por ofender quem está a seu lado. Com uma observação mais apurada, podemos constatar que, na maioria das vezes, as ofensas não foram intencionais e nem tão graves assim. Foram produtos das circunstâncias. Quando isso acontece comigo, fico olhando para a pessoa e penso que, na realidade, todos nós temos um monstro secreto, uma insanidade oculta. William Shakespeare nos deixou uma frase linda que vale ser lembrada: "Não perdoar é como tomar um copo de veneno e esperar que o outro morra".

É inimaginável conviver harmonicamente em um ambiente sem perdão; por isso, perdoe sempre, a cada minuto perdoe setenta vezes sete. Se precisar dobre a dose do seu perdão. Surpreenda a todos a partir de agora, perdoe, abra o seu coração antes que um cardiologista faça isso por você. Seus pensamentos estão travados, sua criatividade anda em baixa, o gasto de energia com relacionamentos está acima da média? Comece a partir de agora a ser uma nova pessoa, abra sua vida para o novo, para o inusitado, para aquilo que você não pode mudar e seja feliz.

O perdão contribui tremendamente para a redução da quantidade de energia dissipada e certamente será um fator relevante em sua caminhada para o sucesso.

Lembre-se sempre disso: Não perca a serenidade. A raiva faz mal à saúde. O rancor estraga o fígado. A mágoa envenena o coração. Domine suas reações emotivas. Seja dono de si mesmo.

Não jogue lenha no fogo do seu aborrecimento. Não perca sua calma. Pense antes de falar e não ceda à impulsividade.

Ainda sobre o atrito

Como sabemos, o atrito em diversas ocasiões é inevitável, e quando isto acontece, sempre ocorre perda de energia entre todos os envolvidos.

Mas você descobrirá no capítulo "Eletricidade" que o atrito também é necessário para conquistarmos o sucesso. Para que isso aconteça, devemos evitar ao máximo que o atrito em nossos relacionamentos seja levado para o lado pessoal. Mas mesmo quando for levado ao extremo, quando se transformar em agressões e ofensas, o atrito ainda pode ser construtivo se tivermos a capacidade de perdoar, estabelecendo novamente a paz e o equilíbrio no ambiente em questão.

Correntes de Convecção

O calor é também uma forma de energia. Denominamos calor a energia que transita do corpo de maior temperatura para o de menor temperatura. Então **calor** é **energia em movimento**. Depois de determinado tempo os corpos entram em equilíbrio térmico, ou seja, suas temperaturas ficam iguais. O que estava com temperatura maior, se esfria e o de menor, se aquece. A partir daí não haverá mais fluxo de energia entre eles, pois o calor deixa de existir. É bom lembrar que um corpo não possui calor e, sim, energia interna. E essa energia é diretamente proporcional à sua temperatura. Quando passeando pelas ruas, você olha para um termômetro digital e vê 40°C, nesse caso o correto dizer é: Nossa! A energia interna do ar está elevadíssima!.

É de se admirar o comportamento da natureza. Em momento algum ela valoriza o individualismo. Até para que haja calor ela exige a presença de, no mínimo, dois corpos. Entretanto, ela privilegia a diferença, para que um perca energia e o outro ganhe, faz-se necessário que haja diferença de temperatura.

Para aquecer uma massa líquida a natureza utiliza-se do artifício das correntes de convecção.

A água que está no fundo do recipiente recebe calor proveniente da chama e com isso sua temperatura fica maior que a temperatura da água que está na parte de cima. Passa a existir entre essas duas massas de água (a de baixo e a de cima) uma diferença de temperatura, condição mais que suficiente para iniciar o processo de condução de calor. Como a água não é boa condutora de calor, a natureza, para apressar o processo, permite que a água quente suba e a fria desça e toque, ela mesma, o fundo do recipiente para se aquecer também. Isso se dá devido à diferença de densidades entre as duas massas líquidas. A que está quente é menos densa que a que está fria. A isso damos o nome de correntes de convecção. Por isso que os balões precisam de ar quente (menos denso) para subir e ar frio para descer.

A geladeira, para esfriar os alimentos colocados em seu interior, também faz uso das correntes de convecção. A massa de ar no interior da geladeira que entra em contato com o congelador esfria, torna-se mais densa e desloca-se para baixo. Esse ar frio, enquanto se move, recebe calor dos alimentos por causa da diferença de temperatura entre eles e aí se aquece. Passa então a se mover para cima, por estar menos denso, e transfere esse calor para o congelador ao entrar novamente em contato com ele. Esse processo continua e, então, o calor dos alimentos é transferido para o congelador por meio de correntes de convecção do ar.

Receba calor e energia em casa

É fato que o mundo é inundado por mensagens pessimistas de toda ordem e procedência. Consequentemente, isso acaba provocando em todos nós as mais inusitadas sensações de desânimo e impotência. Quando sua energia baixar, abasteça-se com o amor de sua família e seus amigos. Envolva-se com pessoas otimistas e cheias de vida, troque energia com seus pais, sua esposa, seu marido, seus irmãos e filhos, e receba de volta muita energia e calor. Fuja dos pessimistas!

Nessa interação há passagem de energia dos corpos quentes (otimistas) para os corpos frios (pessimistas). Absorvendo calor, nosso corpo se restabelece e em pouco tempo encontramos o equilíbrio, permitindo que nossa visão, outrora turva, nos permita ver um mundo de oportunidades que à nossa frente se descortina.

Você agora está pronto para fazer sua parte e utilizar toda a energia que possui na transformação do mundo em um lugar melhor para se viver.

Resiliência

Uma mola quando deformada (comprimida ou esticada) acumula energia elástica, e quando a soltamos ela restabelece o seu comprimento inicial. A energia elástica é diretamente proporcional ao quadrado da deformação. Para cada vez que dobramos a deformação de uma mola a energia elástica acumulada nela aumenta quatro vezes.

A resiliência é um termo muito utilizado no mundo corporativo, uma vez que tratamos com confronto de ideias, com disputas de espaços e produtos, com a impermanência e a imprevisibilidade do mercado e dos clientes, com ocupações repentinas e inusitadas por outros indivíduos em funções ou setores que antes eram executados por aqueles que se achavam o "dono do pedaço" e que por cargas d'água tiveram que ser removidos para outro setor mesmo que a contragosto.

A resiliência entra aqui. Ela é a absorção do golpe sem que o sujeito seja levado a nocaute, ou seja, mesmo que esteja imensamente amargurado, a péssoa deve se restabelecer o mais rápido possível, sem ficar fazendo cara feia ou bico de pato. A vida anda, nada é permanente, levante a cabeça e siga em frente, coloque um sorriso no rosto, mesmo que o choro seja o ideal para compor o cenário. O que conta é saber que se cair deve se levantar o mais rápido possível. Afinal, a fila anda, a banda toca e você está aqui para fazer o time ganhar. Não importa quem marca, o que interessa é que o time ganhe.

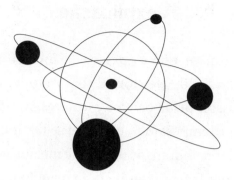

A Terceira Lei de Newton – Ação e Reação

O conceito

Sempre que um objeto exerce uma força sobre outro objeto, este exerce uma força igual e oposta sobre o primeiro, ou seja, toda ação tem uma reação de mesmo módulo, mesma direção e sentidos opostos.

A **Terceira Lei de Newton** diz, então, que as forças sempre são produzidas **em pares iguais e opostos,** mas que essas forças do par agem sobre (e, portanto, aceleram) **objetos diferentes, consequentemente NUNCA SE ANULAM. Nenhuma das duas forças existe sem a outra.**

PROFESSOR PACHECÃO

A explicação

Você pode observar que as pessoas a todo o momento fazem menção à Terceira Lei de Newton. É comum ouvirmos, até mesmo de quem não passou pelos bancos escolares, a máxima de "quem planta vento colhe tempestade", ou "aqui se faz aqui se paga" ou até mesmo "quem planta morangos não colhe melancias". São inúmeros os exemplos e todos fazem referência ao princípio da ação e reação.

Lembro-me de quando cursava a quinta série nas aulas de educação física no meu colégio em Laranjal. Os meninos jogavam futebol de salão e as meninas, vôlei. Ainda guardo lembranças do primeiro chute que dei naquela pesada bola. A unha do meu dedão quebrou. A ação foi tão grande que produziu uma reação igual e suficiente para destroncar o pé e partir a unha. Ficou gravado na memória. Uma força não existe sem a outra.

Percebo que algumas pessoas têm dificuldades em entender que quando o pé chuta a bola, instantaneamente a bola "chuta" o pé. Se não fosse assim o pé não doía. Não deixe a dúvida se instalar. Caso não concorde, vá até a parede mais próxima e dê um "sopapo" nela. Pronto!

Esvaiu-se a dúvida. A mão está quebrada, porém a dúvida não mais existe. É por essa razão que os lutadores de boxe usam luvas, senão as lutas acabariam ainda no primeiro *round*. Física se aprende é assim.

Fazendo experiências

Galileu é considerado o pai da Física experimental. Quando ele não concordava com certos conceitos ou princípios, preparava uma experiência em seu rústico laboratório e lá ficava observando o modo de ser da natureza.

Aristóteles, em 350 a.C, afirmara que os corpos pesados caíam primeiro que os mais leves. Existe uma lenda que afirma que Galileu, para provar que essa afirmação estava incorreta, subiu no alto da torre de Pisa e de lá abandonou dois corpos de pesos diferentes. Na realidade, observando as anotações de Galileu, em momento algum ele menciona essa história. Isso foi atribuído a ele anos mais tarde. Mesmo que tivesse feito tal experiência, Galileu jamais poderia comprovar que a afirmação feita por Aristóteles estava incorreta, pois objetos com pesos diferentes só caem juntos na ausência do ar. E isso só ocorre no vácuo.

As forças existem aos pares. Podemos afirmar sem medo de errar que o número de forças existentes no universo é par, pois para cada ação praticada há uma reação idêntica. Você toca alguém ao seu lado e é tocado imediatamente por ele.

É sempre bom lembrar que a ação e a reação atuam em corpos diferentes e, portanto, nunca se anulam. O pé chuta a bola e a bola "chuta" o pé, uma força está no pé e a outra força está na bola. Como elas constituem um par de ação e reação, ambas possuem a mesma intensidade, porém os seus sentidos são opostos. Se o pé chuta a bola para a esquerda, a bola "chuta" o pé para a direita. Em tempo: duas forças iguais e de sentidos opostos só podem se anular se estiverem atuando no mesmo corpo.

Da próxima vez que você estiver fazendo uma caminhada preste atenção em seus pés, à medida que você empurra o chão para trás, o chão o empurra para frente. Se essas forças se anulassem, você ficaria parado.

Esse mesmo princípio é usado no lançamento de naves espaciais. Durante a contagem regressiva os motores são acionados. Em seguida, os motores jogam o gás existente naqueles tubos que acompanham a nave para baixo, e o gás joga a nave para cima. A força que o gás exerce na nave para cima, para que ela suba, tem que ser maior que o peso da nave para baixo. Se ação e reação se anulassem a nave ficaria no solo.

Percebemos o princípio da ação e reação também quando soltamos um balão cheio de ar. Encha um balão e solte-o. Assim que você o deixa, o balão deixa o ar escapar, e enquanto isso acontece ele empurra o balão para frente.

Ação e reação e a importância da caminhada

"Errei mais de 9.000 cestas e perdi quase 300 jogos.
Em 26 diferentes finais de partidas fui encarregado
de jogar a bola que venceria o jogo… e falhei.
Eu tenho uma história repleta de falhas e fracassos
em minha vida. E é exatamente por isso
que sou um sucesso."

MICHAEL JORDAN

"Pensar é o trabalho mais difícil que existe,
e esta é, provavelmente, a razão porque
tão poucos se dedicam a ele."

HENRY FORD

"Algo só é impossível até que alguém
duvide e acabe provando o contrário."

ALBERT EINSTEIN

A CIÊNCIA DO SUCESSO

Como vimos, todas as nossas ações têm reações iguais e contrárias. Seremos lembrados exatamente pelo resultado de todas as nossas ações aqui em nosso planeta Terra.

Quando era garoto e ainda morava no sítio, percebia que quando eu gritava em meio às montanhas ouvia em seguida o eco, ou seja, o retorno daquilo que eu havia dito. Se estivermos a uma distância maior que 17 metros de um obstáculo, ouviremos o eco. Constata-se que nossa vida é assim também, ela é um eco das nossas ações. Se você não está gostando do que anda recebendo, preocupe-se com o que anda emitindo. É bom lembrar que a reação só aparece depois que a ação foi praticada.

A natureza diz assim: toda ação tem uma reação de mesmo módulo, mesma direção e sentidos opostos. Então é preciso dar primeiro para depois receber. É exatamente isso que a natureza recomenda: dê primeiro. Quer alegria, então dê alegria. Deseja ser bem tratado, então tenha carinho, respeito e consideração com os outros. Se quer ficar rico, ajude os outros a ficarem ricos. Que mal há nisso? Geralmente alguém me diz: "Pôxa, aquele cara tem ficado rico às minhas custas". Sabe o que digo? "Pelo menos você está servindo para alguma coisa".

A melhor maneira de você conseguir aquilo que quer é ajudando as outras pessoas a conseguirem aquilo que elas querem. O Google fez isso e olha só, hoje é uma das maiores empresas do planeta.

Enfim, ajude a sua empresa a crescer que você crescerá junto. Não espere o chefe dar oportunidades a você, cave as oportunidades. A maior oportunidade já lhe foi dada, isso ocorreu quando ele o contratou. Retribua agora se comportando como se fosse o dono da empresa, se interesse por tudo o que acontece com ela, lute por ela, vista a camisa. E se, após todo o seu esforço, a empresa não valorizá-lo, esteja certo de que a concorrência o fará. Afinal, toda empresa quer um colaborador que pensa e age dessa forma.

Ações operacionais e ações estratégicas

Podemos dividir nossas ações de duas maneiras: as operacionais e as estratégicas.

As ações operacionais são aquelas que tomamos na maior parte de nosso tempo. São ações necessárias para a resolução dos pequenos problemas do dia a dia. Essas ações normalmente têm reações rápidas, mas com impacto relativamente pequeno na definição do sucesso em nossa caminhada. Quanto mais nos envolvemos em ações operacionais, menos tempo teremos para pensar estrategicamente em nossas vidas. Quando isso acontece temos aquela sensação comum de que estamos trabalhando muito, cansando muito, sob muito estresse, mas tendo pouco resultado.

Já as ações estratégicas são aquelas que terão suas reações em um período de tempo maior, porém, com importância muito mais ampla na definição do sucesso na caminhada de qualquer pessoa.

Exatamente por isso, devem ser estudadas e planejadas com carinho para que, quando realizadas, contribuam para o nosso sucesso. Para agirmos estrategicamente é muito importante que busquemos nosso autoconhecimento e enxerguemos nossas vidas acima dos problemas cotidianos. Devemos conhecer muito bem nossos defeitos e nossas qualidades e observar com clareza e otimismo o mundo

A CIÊNCIA DO SUCESSO

e as oportunidades que este nos apresenta. Só assim podemos nos posicionar de maneira correta e traçarmos nosso planejamento estratégico com asserção. Esse planejamento deve nortear todas as nossas ações estratégicas, que, na sequência, desencadearão todas as nossas ações operacionais.

Pessoas de sucesso ocupam a maior parte do seu tempo em ações estratégicas. E quando partem para o operacional agem com eficiência e velocidade, pois contam também com reações eficientes e rápidas.

A qualidade de nossas ações

Além de buscarmos ampliar ações estratégicas em nosso dia a dia, temos também que nos preocupar com a qualidade de nossas ações, sejam elas operacionais ou estratégicas.

Para que as reações venham ao encontro do que esperamos, temos que tomar cuidado com detalhes importantes em nossas ações como: a clareza na comunicação, a velocidade dessa ação e, principalmente, com a maneira com que agimos junto das pessoas envolvidas na ação.

Ações claras certamente evitarão reações confusas (capítulo "Ondas" – A ressonância e a comunicação). Ações rápidas pedem respostas rápidas, e é muito importante encontrarmos a abordagem correta em nossas ações de acordo com o perfil da pessoa de quem buscamos uma reação. Ações agressivas de um líder certamente gerarão resultados tortuosos no futuro.

Ação e reação e a liderança

Liderança tem tudo a ver com ação e reação. Grandes líderes não impõem sua liderança por meio da ordem e do poder. Grandes líderes agem e mostram o caminho para os liderados pelas suas atitudes, pelas suas ações. São suas ações e atitudes que resultarão nas reações pretendidas no time. Grandes líderes são motivadores e geram também reações de entusiasmo junto aos integrantes da equipe.

Ação e reação – Aprendendo com os erros

Durante a caminhada da vida cometemos muitos erros. Daí a grande importância de estarmos atentos aos erros e não repeti-los, mas, sim, utilizá-los ao nosso favor como aprendizado. Fazendo isso, nossas ações futuras terão reações cada vez mais próximas daquelas que desejamos.

É importante, neste ponto, notar que o nosso sucesso depende unicamente de nossas ações. Ele não cai do céu. Até mesmo ganhadores de loteria tomaram a iniciativa de ir lá e preencher o cartão. Portanto, vá lá e faça. Se errar, aprenda e faça novamente. O caminho na maioria das vezes não é reto, mas com ações e persistência, em algum momento da sua caminhada as coisas ficarão mais claras para você.

Lembre-se sempre disso: o que vai, volta. Trabalhe como se não precisasse de dinheiro. Ame como se nunca tivesse magoado. Dance como se ninguém estivesse vendo. Cante como se ninguém ouvisse. Viva como se a Terra fosse o céu.

"Não vos enganeis: de Deus não se zomba; pois aquilo que o homem semear, isso também ceifará."

Gálatas 6:7

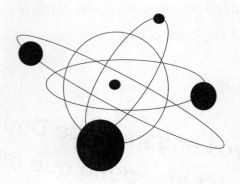

Foco

O conceito

Foco é o ponto de encontro dos raios refletidos que incidiram paralelamente ao eixo principal de um espelho côncavo ou o ponto de encontro dos raios refratados que incidiram paralelamente ao eixo principal de uma lente convergente.

A explicação

Para simbolizar a luz emitida pelo Sol, ou por outra fonte luminosa qualquer, utilizamos uma reta. Essa reta tem origem na fonte e término no corpo que está sendo iluminado. A estes raios damos o

A CIÊNCIA DO SUCESSO

nome de raios de luz. Como o Sol é muito maior que a Terra, os raios de luz que aqui chegam são paralelos entre si. Experimentalmente, comprova-se que quando raios paralelos atingem um espelho côncavo sofrem reflexão e se dirigem a um único ponto, o qual é por nós denominado de foco.

Esse ponto em particular recebe o nome de foco (F), do latim *focus*, que significa fogo. Como todos os raios refletidos se encontram no mesmo ponto, é de se esperar que a temperatura ali seja bastante elevada. O mesmo acontece a uma lente convergente. Basta pegá-la e voltá-la para o Sol que você verá a trajetória e o ponto de encontro dos raios que passaram por ela.

Cada raio possui certa quantidade de luz e de calor. Esse calor (ou essa energia) depende da cor da luz. Se a fonte emite luz vermelha, a energia será pequena, e se for luz violeta a energia será grande. Isso porque a energia está relacionada com a frequência do feixe de luz. Como a frequência da luz violeta é maior que a frequência da luz vermelha, podemos afirmar que a energia da luz violeta é maior. Quando a luz proveniente do Sol atinge diretamente uma folha de papel nada acontece à folha, mas se colocarmos entre ela e o Sol uma lupa, por exemplo, o papel pega fogo. Não foi a lupa que acrescentou calor ao raio de luz. Esse calor já estava presente no raio. A lupa apenas concentrou todas essas energias em um mesmo ponto. As energias de todos os raios somadas umas com as outras foram suficientes para incendiar o papel.

Por essa razão é que não podemos jogar garrafas de refrigerante em meio a um cerrado, pois quando a luz incide sobre a garrafa ela funciona como se fosse uma lente convergente e daí gera o incêndio. Para isso é necessário que no ponto onde os raios de luz se encontram, ou seja, no foco, haja material combustível suficiente para isso, um pouco de capim seco ou um pedaço de madeira.

Podemos perceber com muita clareza o poder da concentração de energia quando deixamos o nosso carro fora da garagem ou em algum lugar sem cobertura. O orvalho que cai durante a noite forma pequenas gotículas sobre o carro. Quando a luz do Sol as atinge pela manhã, elas funcionam como se fossem pequenas lupas, concentrando essa luz sobre a pintura. É comum vermos os carros que ficam o tempo todo ao relento apresentarem uma aparência envelhecida em pouco tempo de uso. Sua pintura foi queimada pela ação da luz. Caso você não tenha local apropriado para colocar o seu carro, pode deixá-lo na rua mesmo, porém é necessário que todos os dias pela manhã você o enxugue.

O foco e as metas

"Não se limite a se preparar para o amanhã. Procure também descartar-se daquilo que já não faz mais sentido, que não é produtivo, que não contribui para os objetivos."

PETER DRUCKER

"O homem vem à Terra para uma permanência muito curta, para um fim que ele mesmo ignora, embora, às vezes, julgue sabê-lo."

ALBERT EINSTEIN

"Defina a causa, a missão, quais os resultados que se pretende e como dimensionar esses resultados. É preciso usar a mente e buscar resultados mensuráveis."

RAM CHARAM

A CIÊNCIA DO SUCESSO

A natureza nos ensina que, para se colocar fogo em alguma coisa, basta concentrar a energia de cada raio de luz proveniente do Sol. Observe que isso se faz com **concentração**. Se esse é o comportamento da natureza, que seja também o nosso! Como já disse na introdução: vamos aprender com os mais velhos, com a natureza. Basta concentrar nossas energias em um objetivo por vez. Portanto, deixemos de ser dispersos, vamos focar nossa mente naquilo que realmente nos importa. Primeiro passo em direção ao sucesso: saber aonde se quer chegar. Sem essa premissa não se chega a lugar algum.

Ter a plena consciência de onde se quer chegar é fundamental para o sucesso. E essa consciência nada mais é do que o foco em um ou mais objetivos. Quando focamos nossa vida em um determinado objetivo, nossas ações e nossa energia estarão concentradas nesses objetivos, nesse foco. Assim sendo, a convergência dessas ações produzirá grande energia, certamente fazendo que conquistemos os nossos objetivos em menor tempo. (Lembre-se da potência!)

O problema é que a maioria das pessoas não tem a menor ideia para onde ir, não sabem quais são seus objetivos e, assim, acabam gastando uma grande quantidade de energia desnecessariamente. Trabalham infelizes em projetos que não agregam valor em suas vidas, e quando se assustam, depois de longos e penosos anos, têm a sensação de que não produziram nada, de que não saíram do lugar.

Ter foco, ter claros os objetivos para nossas vidas não é fácil. E o ideal é que os descubramos o mais rápido possível. Mas isso às vezes demora, e quase sempre a caminhada pela vida é necessária. Caminhar pelo deserto, encontros e desencontros, erros e acertos, devem ser guardados com carinho, como aprendizado. É por essa razão que nossos antepassados a todo instante estão nos dizendo: "Atrás de todo problema há uma oportunidade brilhantemente disfarçada". Por isso, não se desespere!

Fique sempre atento ao que acontece ao longo da caminhada, fique ligado em sua vida. Viva um dia de cada vez e preste atenção aos sinais. Em algum momento dessa caminhada você passará a se conhecer melhor, e o aprendizado acumulado com as experiências anteriores o ajudará a definir ou a ajustar o foco principal de sua vida.

Tendo um foco, objetivos claros e bem definidos, fica muito mais fácil traçarmos as ações que iremos executar (ação e reação) e otimizarmos o uso de nossa energia (conservação de energia).

Nunca é tarde!

Vale aqui considerar dois pontos importantes.

O primeiro: nunca é tarde para definirmos o foco de nossas vidas.

São comuns casos de pessoas que encontraram seu foco bem tarde, e a partir daí conquistaram seus objetivos. Caso clássico de Ray Kroc. Ray Kroc encontrou na pequena loja dos irmãos McDonald o foco de sua vida quando já estava próximo dos 60 anos de idade e vendia máquinas de sorvete. O conteúdo dessa história todos sabem: Ray se associou aos irmãos McDonald na lanchonete e com seu entusiasmo a transformou na maior rede de *fast food* do mundo.

O segundo: é comum pessoas de sucesso mudarem o foco de suas vidas. Essa mudança pode acontecer, pois pessoas de sucesso são antenadas (como veremos mais adiante nos capítulos destinados à inércia e à ressonância), e o mundo está em constante mutação. Assim sendo, o que é considerado sucesso hoje, amanhã poderá se tornar totalmente obsoleto. A mudança de foco também pode acontecer pela necessidade de novos e maiores desafios. O desafio mexe com as pessoas de sucesso, as estimula e as mantêm motivadas.

Para finalizar, o melhor mesmo é encontrarmos um foco único. Aquele que vai fazer que possamos mover montanhas, trabalharmos apaixonadamente, como artistas, executando com detalhe e amor todas as tarefas que nos levarão aos nossos objetivos.

Nos aproximamos do sucesso quando definimos nosso foco.

Foco nas ações operacionais

Outro aspecto relevante quando tratamos do foco em nosso cotidiano é a sua importância em nossas ações operacionais. É comum termos em nossa agenda uma enxurrada de tarefas, compromissos e problemas para resolver. Com isso, acabamos nos perdendo em uma agenda desorganizada e sem prioridades. Também por isso, muitas vezes realizamos várias tarefas simultaneamente, o que certamente compromete o resultado final do nosso trabalho e nossa produtividade, além de elevar o nosso nível de estresse.

O que fazer nesses casos? A resposta é clara. Organize sua agenda.

Ordene suas ações operacionais partindo daquelas com maior importância estratégica. Um dos maiores *best sellers* do mundo apresenta muitas ferramentas para organizarmos nossas vidas e nossa agenda (*Os 7 hábitos das pessoas altamente eficazes* – Stephen Covey).

Termine cada tarefa

Quando estiver realizando alguma atividade, seja ela lazer ou trabalho, busque concentração total nessa atividade até terminá-la. Certamente você otimizará seu tempo e terá resultados melhores e mais eficientes. Até mesmo em seus momentos de lazer, com a família ou com os amigos, tenha foco. Não adianta nada viajar para a praia mais linda do Brasil com celular, *notebook* e outras engenhocas que não vão deixá-lo em paz, sempre o alertando para os pequenos problemas, que, na realidade, são apenas operacionais e terão pouco impacto em longo prazo. Aproveite seus momentos de descanso para realmente descansar, refazer as energias (correntes de convecção) e, se possível, pensar em novas e criativas ações estratégicas para conquistar os objetivos traçados em sua vida. Tenha foco também no seu ócio criativo!!!

Como disse Epicuro: "Não existe vento favorável para aquele que não sabe para onde quer ir".

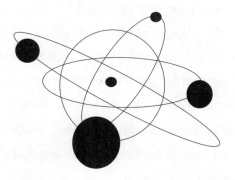

Ótica – A luz

O conceito

A luz é uma onda eletromagnética que se origina dos movimentos acelerados de cargas elétricas e se propaga no vácuo com uma velocidade igual a 300.000 km/s. Portanto, a luz é um fenômeno eletromagnético.

É bom saber que uma carga elétrica em repouso gera em suas proximidades apenas um campo elétrico. Se essa carga estiver em movimento com velocidade constante ela vai gerar em torno de si um campo elétrico e um campo magnético, ambos constantes. Se essa carga apresentar aceleração, isto é, se sua velocidade variar ao longo de sua trajetória, ela vai gerar um campo elétrico e magnético, ambos variáveis, ou seja, ela vai produzir uma onda eletromagnética. Essa foi uma das descobertas mais lindas feitas pelo ser humano.

Então, quando você vê uma antena de rádio, saiba que ali tem cargas elétricas oscilantes, e a frequência com que elas vibram é a mesma frequência da onda eletromagnética produzida. O que difere uma emissora de outra é exatamente isso, a "dança" dos elétrons na antena, isto é, sua frequência. A produção de luz é semelhante, a única diferença está na frequência com que os elétrons oscilam. Para efeito de análise, podemos produzir luz utilizando, por exemplo, um pente de plástico. Para isso é necessário que ele esteja eletrizado. E para eletrizá-lo você já sabe, basta pentear seus cabelos, pois todas as vezes que atritamos dois corpos diferentes, por causa da afinidade eletrônica, um corpo perde elétrons enquanto o outro os recebe. Esse é o modo de ser da natureza.

O que nos impede de produzir luz por meio desse processo é a pequena mobilidade dos nossos braços, pois para isso é necessário que em um 1 segundo o pente seja chacoalhado 100 trilhões de vezes. Você acha que consegue? É o que acontece, por exemplo, no interior das estrelas. Caso a vibração do pente seja bem inferior a 100 trilhões de vezes por segundo, o seu movimento produzirá ondas de rádio, e se for muito maior que esse valor pode produzir raios X. Conclui-se, portanto, que todas as ondas eletromagnéticas são produzidas por vibrações de cargas elétricas, e o que vai definir o tipo da onda, se é de rádio, luz, raios X, micro-ondas, é a frequência com que os elétrons vibram.

O movimento de vaivém dos elétrons, ou seja, sua frequência de oscilação é o que determina a cor da luz emitida. A luz vermelha é a que possui a menor frequência enquanto a luz violeta possui a maior.

A explicação

Poucas coisas que vemos ao nosso redor emitem luz própria. As que emitem são chamadas de corpos luminosos. É o caso do Sol, da chama de uma vela, das lâmpadas elétricas, etc. Os raios de luz emitidos por esses corpos atingem os nossos olhos através de uma cobertura transparente chamada córnea e chegam até uma camada no fundo do olho que é extremamente sensível à luz, denominada retina. É lá que as imagens desses corpos são formadas.

Entretanto, a maior parte das coisas que vemos ao nosso redor não emite luz própria, sendo denominadas de objetos iluminados. É o caso da Lua, das paredes, das roupas, das pessoas, etc. Elas são visíveis porque reemitem a luz que incide em suas superfícies. Quando a luz incide na superfície de um material, ela pode ser reemitida, como também pode ser absorvida por ele e, como consequência, sofre um aumento de temperatura. Dizemos que a luz é refletida quando ela retorna ao meio de onde veio; neste caso, o processo é chamado de reflexão. Quando a luz passa de um material transparente para outro, dizemos que ela é refratada, e o processo é chamado de refração. Em geral, ocorrem simultaneamente reflexão, refração e absorção em certo grau. A quantidade de luz que será absorvida por uma dada superfície depende da cor dessa superfície e do seu estado de polimento. Se a superfície for escura e rugosa maior será a quantidade de luz absorvida; se for clara e lisa maior será a reflexão da luz.

Observe que os estilistas conhecem bastante desse assunto, pois a cor da roupa e o tipo de tecido usado em cada estação determinam o conforto e a satisfação do seu cliente. No inverno, geralmente

PROFESSOR PACHECÃO

eles sugerem o uso de roupas escuras para aumentar a absorção de calor, e no verão indicam o uso de roupas claras exatamente para minimizar esse efeito.

A reflexão da luz na superfície de um corpo não acontece de modo aleatório. Ela obedece rigorosamente a certas leis conhecidas como leis da reflexão. Afinal, o universo é regido por leis, e essas leis são rígidas e imutáveis.

No caso da reflexão, temos:

1ª Lei

O raio incidente, o raio refletido e a reta normal (perpendicular à superfície) são coplanares, ou seja, estão no mesmo plano.

2ª Lei

O ângulo de incidência é igual ao ângulo de reflexão (i = r).

Um bom local para se observar a reflexão da luz é quando ficamos diante de um espelho plano.

Fazendo uso das leis citadas acima a imagem formada apresentará as seguintes características: sua altura, sua largura e sua distância do espelho serão idênticas às nossas, porém, simétricas, ou seja, se levantarmos o braço direito ela levantará o braço esquerdo.

A CIÊNCIA DO SUCESSO

A reflexão e o valor da sua marca

*"Ser o mais rico do cemitério não é o que mais
importa para mim... Ir para a cama à noite e
pensar que foi feito alguma coisa grande.
Isso é o que mais importa para mim."*

STEVE JOBS

*"A luz das estrelas fixas é da mesma
natureza que a luz do Sol."*

ISAAC NEWTON

"Quem acha que não tem poder não tem poder."

TOM PETERS

A luz é a única coisa que nós realmente vemos. Tudo o que nós conhecemos do mundo exterior nos é reportado pela luz que esses objetos emitem ou refletem. É por meio dela que nos guiamos. É ela que possibilita nossa interação com as pessoas, com as coisas, enfim, com o mundo que nos cerca.

Devemos à luz todas as possibilidades de convívio entre nós com os outros e com os objetos. As impressões que deixamos e as que recebemos também nos são proporcionadas pela luz. Até mesmo nossas emoções são detectadas por ela. Basta olhar a íris (parte colorida dos olhos) de alguém para saber se ele está ou não gostando do que lhe está sendo apresentado. Se a íris dessa pessoa sofre um alargamento é sinal de que está sentindo prazer com o objeto visto; caso lhe pareça desagradável, sua íris sofrerá uma contração.

Dá-se o nome de pupilometria ao estudo do tamanho das pupilas em função das atitudes das pessoas.

O ser humano normalmente faz suas avaliações utilizando os sentidos, e o visual é o que produz o primeiro e o maior impacto. Então, vamos aproveitar este capítulo para discutirmos qual é a imagem que você tem passado para o mundo. Como você gostaria de ser visto. **E principalmente qual o valor da sua marca**.

Toda marca tem um valor, e esse valor pode ser de certa forma medido por aspectos tangíveis (a forma e o visual do produto) e de maneira mais relevante por aspectos intangíveis, emocionais e culturais que essa marca apresenta.

Assim como uma marca, somos o tempo todo avaliados por nossa forma, nossa apresentação visual, mas, principalmente, somos avaliados pelo conjunto de nossas ações, pelas nossas atitudes, pelo nosso comportamento. Somos avaliados por nossos chefes, nossos subordinados, nossa família, nossos amigos, pelo mercado. Esteja certo de uma coisa: você está sendo observado. E querendo ou não, o valor de nossa marca será definido por essa somatória de observações. Nosso valor de mercado será definido pelo próprio mercado.

Os valores tangíveis – A primeira impressão

Quando somos avaliados pela forma, pelo nosso visual, normalmente somos avaliados superficialmente. É impossível conhecer o produto apenas pela embalagem. Assim como é impossível também conhecer uma pessoa pela simples observação de como ela se apresenta visualmente. Mas, se o velho e verdadeiro ditado popular diz que "A primeira impressão é a que fica", não custa nada cuidarmos de nossa embalagem. Ela é importante, pois ela, de alguma maneira, direcionará qual a impressão, qual a ideia queremos passar de nossa marca para as pessoas. Por isso devemos apresentar nossa embalagem de maneira verdadeira. Não adianta sair por aí vestido diariamente de terno e gravata se você é um sujeito com costumes despojados, um surfista urbano. Você não estará vendendo a verdade, e, em algum momento, essa distorção entre a forma apresentada e o conteúdo aparecerão e acabarão desvalorizando sua marca.

O melhor mesmo é se apresentar como você é no dia a dia, com certas adaptações de acordo com o ambiente ou com o compromisso a ser cumprido. Mas o importante é que você se sinta bem.

Além da maneira de se vestir, trate também de cuidar de um aspecto visual fundamental. Um aspecto importante para todas as pessoas, independentemente da cor, do sexo e que terá um grande impacto na primeira impressão a ser causada em nossos relacionamentos: sua postura. E para apresentarmos uma postura que denotará uma imagem valorizada, é importante que estejamos com estima elevada. Autoconfiantes. Por isso, acredite em você mesmo. Você não precisa ser bonito, uma modelo de passarela ou um atleta para ter confiança em você mesmo, no seu produto. Você certamente tem qualidades únicas, que o transformam em um ser humano único, especial e capaz. Apresente-se para qualquer pessoa com confiança. Tenha a postura ereta, olhe nos olhos de seu interlocutor, aperte suas mãos com firmeza e, se possível, complete sua forma com um belo sorriso no rosto.

Se na minha concepção eu achar que eu valho um milhão de dólares, isso é o que o mundo tende a me entregar; não importa a crise econômica, a situação brasileira, a conjuntura mundial. O mundo é um reflexo do meu interior.

Faça sua parte para aumentar o valor de sua marca.

Os valores intangíveis da nossa imagem

Os valores intangíveis são aqueles que realmente definirão o valor de nossa marca. São os valores que apresentarão o nosso conteúdo, aquilo que realmente somos em nossa essência. Os valores intangíveis definirão a real imagem que passamos para o mercado. Mas uma marca não é construída da noite para o dia. Nossa marca é esculpida durante a caminhada de nossa vida. Por isso temos que tomar muito cuidado com as nossas ações no cotidiano.

Quais são os valores que nortearão estas ações?

Definindo bem esses valores, temos que buscar segui-los com consistência, pois assim como uma marca forte é muito difícil de ser construída, pequenas falhas podem acabar com a nossa credibilidade.

A seguir, alguns valores importantíssimos na constituição da marca de qualquer pessoa.

HONESTIDADE

Valor básico e essencial. A honestidade é a base de tudo. Uma pessoa desonesta tem o valor de sua marca reduzido a zero. A honestidade deve ser praticada não só nas transações comerciais, mas no relacionamento entre as pessoas, no respeito. A honestidade é a arma mais poderosa nos negócios. Há uma música em que o artista deixa bem claro: "Se o malandro soubesse as vantagens de ser honesto ele seria honesto só por malandragem".

RESPONSABILIDADE

Um valor também importante para ser cultivado ao longo do tempo. Ser responsável é cuidar de suas tarefas com empenho, dedicação e zelo. É estar totalmente comprometido com as causas nas quais está envolvido. É ser pontual e respeitar o tempo das outras pessoas. No Brasil, uma pessoa com o atributo da pontualidade já apresenta grande diferencial entre os conterrâneos.

OTIMISMO

Já descrito no capítulo dedicado à conservação de energia. O otimismo soma muitos pontos no valor da sua marca.

CAPACIDADE DE SE RELACIONAR BEM COM AS PESSOAS

Hoje, talvez, o valor mais procurado pelas empresas em processos de seleção. As empresas querem pessoas que saibam conviver em paz com as outras. Que consigam conviver com as diferenças. Que tragam soluções e não problemas no ambiente onde trabalham. Que não dissipem energia desnecessariamente.

RESPONSABILIDADE SOCIAL

A maneira como nos relacionamos e interferimos em nossa comunidade, com o nosso meio ambiente, agrega cada vez mais valor em nossas marcas. Nas empresas, ações ligadas à responsabilidade social já passam a ser condição necessária para a entrada em certos mercados. E, em breve, responsabilidade social também será critério determinante em testes de seleção de emprego.

Outros valores são importantes e somam na construção da imagem de uma pessoa, como: a criatividade, a eficiência, o raciocínio lógico, o carisma, entre várias outras características que são pessoais e vão depender do talento inato de cada um.

Resumindo, apesar do valor de nossas marcas ser definido pelo mercado, pelas pessoas em nossa volta, você é totalmente responsável pela construção de sua marca, e, como vimos, não é tarefa fácil. Portanto, valorize-se, acredite em você mesmo, no seu produto. Defina os valores intangíveis que irá seguir e construa uma marca global de sucesso: a sua própria.

Ótica e a liderança

Para as pessoas que exercem função de liderança: note que sua equipe será o reflexo de suas ações (ação e reação), de sua imagem (reflexão). Portanto, cuide para ser um ótimo exemplo para sua turma. "As palavras ecoam, os exemplos arrastam."

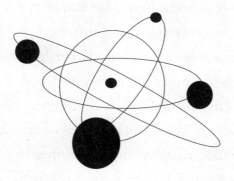

Eletricidade

O conceito

Eletricidade é um assunto extremamente interessante e de grande aplicabilidade. Em tudo o que fazemos no nosso dia a dia trabalhamos com a eletricidade. Vamos nos concentrar, em princípio, na parte que trabalha apenas com os fenômenos produzidos pelas cargas elétricas em repouso, ou seja, com a eletrostática.

Todos os corpos existentes no universo são constituídos de átomos, e os átomos são formados por prótons, elétrons e nêutrons.

Os prótons e os nêutrons ficam numa região conhecida como núcleo e os elétrons ficam na eletrosfera. Para que os elétrons não caiam no núcleo é necessário que eles estejam sempre em movimento ao redor do núcleo, assim como os planetas ao redor do Sol. Perceba como o micro e macrocosmo são similares.

Na eletrostática um corpo só pode perder ou ganhar elétrons, nunca perde ou ganha prótons e nêutrons. Nosso negócio se resume em trabalhar apenas na eletrosfera do átomo. Deixemos o núcleo para a Física Nuclear. Lá, por meio de reações nucleares conhecidas pelos nomes de fusão e fissão nuclear, os átomos sofrem mudanças no número de prótons e nêutrons. Tanto o próton quanto o elétron possuem uma grandeza chamada carga elétrica, e essa carga elétrica exprime a capacidade de uma partícula interagir com outras cargas elétricas.

Por meio de experiências constatamos que **cargas elétricas de mesmo sinal repelem-se e cargas elétricas de sinais contrários atraem-se**.

Processo de eletrização por atrito

Atritando dois corpos de materiais diferentes, inicialmente neutros, faz que eles fiquem **eletrizados com cargas de mesmo valor absoluto e sinais opostos**. Isso acontece porque o número de elétrons que a lã ganha é o mesmo que o bastão perde. Essa eletrização acontece porque um corpo captura elétrons do outro: **diferentes materiais possuem diferentes interesses por elétrons**.

A lã, por exemplo, tem maior afinidade, "interesse", por elétrons do que o vidro. Assim, quando se esfrega um tecido de lã num bastão de vidro, ambos inicialmente neutros, a lã retira elétrons do vidro e fica negativa e o vidro, positivo.

A CIÊNCIA DO SUCESSO

É importante saber que **corpos isolantes também se eletrizam quando atritados, porém as cargas adquiridas por ele ficam retidas na região do atrito**.

Caso você esfregue a ponta do seu tênis no asfalto, as cargas ficarão confinadas na ponta do tênis. Entretanto, se o corpo for feito de material condutor, as cargas elétricas se espalharão por todo o corpo.

Como somos excelentes condutores de eletricidade, é muito comum sentirmos um pequeno choque quando esbarramos em algum colega de trabalho ou quando abrimos a porta do nosso carro. Isso acontece porque passamos o dia todo atritando com a nossa roupa, com o ar e com os objetos que nos cercam. Não conseguimos perder as cargas que adquirimos na eletrização com esses corpos, pois, na maioria das vezes, usamos calçados com solado de borracha, e a borracha, como sabemos, é um bom isolante elétrico, impedindo que as cargas se escoem para a terra.

Para escoar essas cargas geradas com o atrito os motoristas são orientados a colocarem correntes de metal nos para-choques dos caminhões que transportam combustíveis, pois o acúmulo de cargas gera centelhas e, consequentemente, incêndio no momento em que o motorista for abrir o registro para entregar o combustível no posto. Na ausência da corrente, alguns motoristas, antes de tocar no registro, ligam fios de metal do para-choque ao solo exatamente com esse propósito.

Força elétrica (Lei de Coulomb)

Todas as coisas que nos cercam são formadas por átomos, e estes são unidos por forças elétricas. O chão onde piso, a cadeira em que sento, a roupa, os sapatos, até eu mesmo. Quando praticamos esporte, por exemplo, não perdemos partes dos nossos corpos, porque nossos tecidos são unidos por forças elétricas. Não conseguimos também penetrar pelo chão adentro pelo mesmo motivo, ou seja, o chão é unido por forças elétricas.

Assim como os prédios, o avião, o papel, a caneta, os carros, enfim todos os corpos e todas as coisas são também unidos por forças elétricas.

Para compreender todo o poder da força elétrica, imagine a remoção de toda a carga negativa de duas bolas de ferro de 450 gramas. A uma distância de 30 centímetros uma da outra, as duas bolas se repeliriam com uma força que sustentaria um corpo de massa 7.000.000.000.000.000.000 toneladas, ou seja, 7×10^{18} toneladas. Essas mesmas esferas se atraem por causa da força gravitacional. Segundo Newton, matéria atrai matéria na razão direta das massas e na inversa do quadrado da distância, porém a força elétrica é infinitamente maior que a força gravitacional. Nesse caso, a força gravitacional é desprezível, uma vez que as massas das esferas são muito pequenas.

No fim do século XVIII, o físico Charles Augustin Coulomb realizou uma série de experiências que permitiram medir o valor da força eletrostática que age sobre uma carga elétrica puntiforme, colocada na presença de outra.

Consideremos duas cargas puntiformes Q e q, separadas por uma distância d; **a intensidade da força eletrostática que uma carga aplica sobre a outra é diretamente proporcional ao produto das cargas e inversamente proporcional ao quadrado da distância que as separa.**

A CIÊNCIA DO SUCESSO

Essa é a Lei de Coulomb.

A força elétrica é proporcional ao produto das cargas elétricas e inversamente proporcional ao quadrado da distância entre elas. Quando as cargas Q e q estiverem mergulhadas em outro meio material, observa-se experimentalmente que a força entre elas torna-se **menor** do que quando elas estão no ar.

Um detalhe muito interessante que devemos levar em consideração na intensidade da força elétrica é o meio em que os corpos estiverem imersos. Para isso inserimos no cálculo uma grandeza denominada "constante da Lei de Coulomb" denominada K.

Portanto, cada meio tem um valor para o K e, consequentemente, um valor para a força elétrica. Podemos verificar o que acabamos de dizer quando colocamos um pedaço de papel na água e depois nos dispomos a rasgá-lo. Observe a diferença de esforço que fazemos para rasgar um papel seco e o mesmo esforço quando o papel está molhado. A força elétrica fica menor por causa da redução da constante K.

A explicação

Desde as primeiras aulas de Química sabemos que todos os corpos são constituídos de átomos. Esses átomos já estão aqui há muito tempo. Na realidade, eles são provenientes de restos de velhas estrelas que explodiram antes mesmo da formação do Sistema Solar. Os átomos são eternos, esses mesmos átomos que constituem o seu corpo já foram usados no passado por outros corpos. É provável que você tenha átomos que pertenceram aos corpos de Beethoven, Bach, Freud, Einstein, Clodovil e outros. E todo átomo é constituído por prótons, elétrons e nêutrons. Hoje sabemos que os prótons e os nêutrons são constituídos por quarks, mas isso fica para outro momento.

Vamos nos concentrar apenas nos elétrons. Os elétrons são partículas fundamentais e uma das maneiras de retirarmos elétrons de um corpo é atritando-o com outro. É o chamado processo de eletrização por atrito que vimos anteriormente. Quando atritamos dois corpos diferentes, por causa da diferença de eletronegatividade existente entre eles, um corpo perde elétrons e o outro ganha; logo, um se torna positivo e o outro, negativo. Um dos princípios da eletrostática afirma que corpos eletrizados com cargas de sinais opostos se atraem, e corpos com cargas de sinais iguais se repelem. É por essa razão que após o atrito os corpos se atraem. É o que acontece quando atritamos uma caneta com a parede.

Pela lei da força elétrica de Coulomb percebemos que, quanto mais eletrizados e mais próximos estiverem os corpos, maior será a força elétrica.

Está aí a razão pela qual um material é mais duro que outro: a força elétrica difere de material para material, devido ao número de prótons e de elétrons que seus átomos constituintes têm.

A eletricidade e os relacionamentos

"Construímos muros demais e pontes de menos."

ISAAC NEWTON

*"Leia mais romances e menos livros de negócios.
Os relacionamentos são tudo."*

TOM PETERS

A CIÊNCIA DO SUCESSO

"Converse com as pessoas, dialogue com elas até alcançar o consenso. A partir do consenso o interesse se intensifica."

RAM CHARAM

Ouça a natureza, que o resultado virá. Interaja com as pessoas, abra o coração e se eletrize. Não deixe as dúvidas o abaterem. Acredite nas leis da natureza, mesmo que, em princípio, não veja muito sentido em tudo isso. Lembre-se de que "o essencial é invisível aos olhos".

No fundo, as empresas se comportam exatamente dessa forma, só que por instinto.

Sempre que podem, os colaboradores são convidados para um fim de semana num hotel fazenda e ali praticam atividades com o intuito de fortalecer as relações e solidificar o grupo. Para surpresa geral, na semana seguinte os resultados obtidos são surpreendentes, as metas definidas são alcançadas e o ambiente de trabalho passou a ser um lugar aprazível e cheio de encantamento. A empresa fez apenas a lição de casa, aquilo que verdadeiramente a natureza recomenda. Eletrizou-se.

As abelhas, por exemplo, comportam-se assim também, observe-as. Estão sempre juntas, trabalham lado a lado e o resultado é uma grande quantidade de mel que dá para alimentar centenas de pessoas.

Se quisermos que nossa equipe tenha sucesso, ouçamos a natureza, permaneçamos juntos, o mais próximo que pudermos. Isso é extensivo também aos nossos familiares e clientes. Estejamos sempre perto deles antes que os nossos concorrentes estejam. Lembremo-nos de que quanto mais duro for um material, maior será a força elétrica entre seus átomos, e isso se faz com muita carga e pouca distância. Então, para termos um time imbatível, um grupo

A importância do ambiente de trabalho

A força elétrica, como foi dito acima, depende do meio. Na vida de uma empresa também é assim. O clima da organização é fundamental. Se no ambiente de trabalho o medo for disseminado, haverá uma grande dificuldade para construir uma equipe forte e coesa. O medo paralisa as pessoas, afasta uma das outras, bloqueia as ideias e impede que se trabalhe de forma criativa e efetiva. A desconfiança impera e a possibilidade de um novo emprego passa a ser o desejo de todos. Para fortalecer o seu grupo fale com todos, verbalize como o trabalho deles é importante, faça isso com todos, do faxineiro ao presidente. Crie pontes entre as pessoas. Deseje um bom-dia a todos, você verá a enorme diferença que isso faz.

Quando um corpo eletrizado se aproxima de um corpo neutro, ocorre neste uma redistribuição de cargas, ou seja, numa das suas extremidades aparecerão cargas negativas e na outra aparecerão cargas positivas.

Se o corpo eletrizado, por exemplo, estiver carregado positivamente, os elétrons do corpo neutro irão para a extremidade mais próxima a ele e a outra extremidade ficará com cargas positivas.

Pela Lei de Coulomb, quanto menor a distância entre duas cargas maior será a força de atração entre elas; logo, o corpo neutro será atraído pelo corpo eletrizado, uma vez que as cargas de sinais opostos estão mais próximas entre si.

A CIÊNCIA DO SUCESSO

A mesma coisa acontece quando há uma pessoa entusiasmada na equipe. É natural observar que todos os outros colaboradores também se motivam. Uma pessoa entusiasmada é como se tivesse um Deus dentro dela. Ela faz "chover", ela transforma o seu ambiente de trabalho, acende um fogo dentro de quem está ao seu lado. Contagia! Por isso é que devemos sempre nos mostrar entusiasmados em realizar determinada tarefa, procurar sempre estar disposto quando estiver na presença do outro (princípio da conservação de energia – capítulo "Lei da conservação de energia").

Como todo corpo neutro é atraído por um corpo eletrizado, assim também um colaborador que, em um determinado momento se apresentasse desanimado, pode se tornar um colaborador eficiente. Somos um time e por isso devemos nos motivar uns aos outros, igual ao que acontece quando se marca um ponto no vôlei. Num mundo tão competitivo e dinâmico como o atual, o trabalho em equipe se apresenta como única alternativa para que as organizações possam superar os desafios e alcançar suas metas.

O segredo do sucesso de uma equipe está na complementaridade, ou seja, as limitações de um são compensadas pelos talentos de outros. Não há sobreposição de funções, não há duas ou mais pessoas executando a mesma tarefa.

Aflorar em cada indivíduo o sentimento de pertencimento ao grupo; projetar sua importância e disseminar um envolvimento motivador em que uns torcem pelos outros sem as preocupações de hierarquia e poder; buscar a maturidade, em que a exposição de sua vulnerabilidade não seja usada contra si mesmo.

Devemos fazer que cada indivíduo se sinta único e importante.

A grande sacada do gestor é esclarecer aos componentes da equipe a importância da participação e o interesse de cada indivíduo e de suas ações na construção dessa unidade, mesmo tendo objetivos, desejos, necessidades e anseios diferenciados.

O problema principal é que não existe, na maioria das empresas, uma sintonia entre as metas determinadas pelos dirigentes e as metas individuais de seus empregados. As pessoas só se tornam mais responsáveis e comprometidas quando percebem que fazem parte de algo que tem a ver com seus ideais particulares e suas aspirações. Caso contrário, só cumprem suas obrigações. Mas isso será discutido no capítulo a seguir, quando apresentaremos a Segunda Lei de Newton e suas implicações no cotidiano.

Relacionamento é tudo

Relacionamento é fundamental. Lee Iacocca disse certa vez que a distância que você chegará não depende apenas do que você sabe, mas principalmente das pessoas que você conhecerá ao longo da caminhada.

Na vida não conseguimos nada sozinhos. Dependemos e vivemos em uma rede de relacionamentos. Relacionamentos familiares, de amizade, profissionais, entre outros. Temos que envolver o maior número de pessoas possível jogando ao nosso lado. O maior número de pessoas possível torcendo e agindo a nosso favor. Quanto maior a nossa rede de relacionamentos, quanto maior for a coesão dessa rede, certamente maior será a nossa força para seguir adiante e vencer.

A CIÊNCIA DO SUCESSO

Tenha sua família ao seu lado. Ela é a base de tudo. Será ela que o apoiará quando tiver que encarar os grandes desafios de sua vida e o suportará nos momentos de crise. Sem essa força dentro de casa, não adianta bons relacionamentos fora.

Tenha os amigos ao seu lado. Tenha um milhão de amigos. Certamente em algum momento eles serão importantes para você. Eles o ajudarão em algum negócio, o apresentarão possíveis trabalhos ou abrirão novas portas. Pessoas com um grande número de amigos dificilmente ficam desempregadas.

Tenha os companheiros de trabalho ao seu lado. Saiba conviver com as diferenças. Atraia as diferenças para o seu lado. Atrite com essas pessoas. Você, com certeza, dissipará energias em um primeiro momento. Mas depois, tomando cuidado para que o atrito seja realizado de maneira saudável e construtiva, surgirá a atração. Então, atraia todos para o seu lado. Estamos cansados de ouvir que a chave do sucesso é saber trabalhar em equipe.

Tenha os clientes a seu lado. Tenha os clientes como amigos. Aproxime-se deles. Atrai-os de todas as maneiras. Entre em *ressonância* com eles (capítulo "Ondas"). Se você não fizer isso seu concorrente o fará.

O poder da simplicidade

Simplicidade. Seja simples. Saiba circular entre os mais variados meios. Tenha bons relacionamentos com todas as pessoas ao seu redor independentemente da condição social ou do cargo que ocupam. Você não tem nada a perder tratando bem todas as pessoas.

Afinal de contas, somos todos iguais, somos feitos de átomos, com qualidades e defeitos peculiares. Valorize a diferença e lembre-se sempre: somos imprescindíveis.

Não fale mal de ninguém. Isso pode se voltar contra você. E como vimos, o sucesso depende do maior número de pessoas jogando ao seu lado, se possível falando bem de você.

Somos diferentes uns dos outros, portanto eletrize-se, estabeleça contatos. Não pare de estender a sua rede. Fortaleça-se. Fortaleça sua rede de contatos, sua rede de clientes.

Uma rede sólida de relacionamentos tem valor muito maior do que o próprio dinheiro.

Uma rede sólida de relacionamentos pode abrir portas, apresentar oportunidades e, principalmente, atrair dinheiro e sucesso.

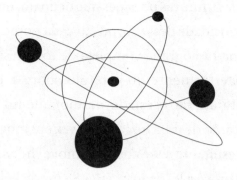

A Segunda Lei de Newton

O conceito

A Segunda Lei de Newton, também conhecida como Princípio Fundamental da Dinâmica, é uma das mais importantes e úteis leis da Física. Revela-nos o comportamento sutil da natureza, bem como sua fragilidade, pois essa lei tem uso limitado, não podendo ser usada para objetos que se movem a velocidades superiores a 10% da velocidade da luz e para partículas pequenas cujas dimensões se encontram na mesma ordem de grandeza das partículas subatômicas, tais como prótons, elétrons e quarks.

Independentemente dessas limitações, a sua contemplação nos dá a verdadeira dimensão da capacidade humana e a beleza de seu espírito investigativo. Ela nos mostra que, se conhecermos todas as forças que agem sobre um corpo, poderemos prever como será o seu movimento, quais as futuras posições que ocupará, qual será a trajetória descrita e a velocidade desse corpo em cada ponto dessa trajetória. Enfim, faz-se uma radiografia completa de todo o seu movimento.

Veremos posteriormente no capítulo sobre a Primeira Lei de Newton que para alterar o estado de movimento de um corpo é necessária a aplicação de uma força. Uma vez em movimento, e na ausência de força resultante, esse corpo se move indefinidamente e em linha reta, como prevê a lei da inércia. A Segunda Lei se preocupa em quantificar esse movimento. Por isso ela estabelece uma relação entre a força resultante, que é a causa do movimento, com a aceleração, que é o efeito gerado pela ação dessa força. E pode ser enunciada da seguinte forma: **A aceleração de um objeto é diretamente proporcional à força resultante, tem a mesma direção e o mesmo sentido dessa força e é inversamente proporcional à sua massa.**

Matematicamente temos:

$$F_R = m \cdot a$$

A intensidade da força resultante é uma combinação das diferentes intensidades e das direções das várias forças atuantes. Se uma força atua para a direita e outra atua para a esquerda o efeito final será uma tentando anular a ação da outra e a resultante será a diferença entre elas. No entanto, se as duas forças apontarem para o mesmo sentido, uma potencializa a ação da outra e a resultante será a soma de ambas. A aceleração obtida será a razão entre a resultante e a massa do corpo. Isso nos mostra que quanto maior a força resultante maior será a sua aceleração e quanto maior a massa do corpo, menor será a sua aceleração, ou seja, maior será a dificuldade que esse corpo oferece em alterar sua posição de movimento. Portanto, quanto maior a massa, maior será a sua inércia. É por essa razão que definimos *massa como a medida da inércia de um corpo*.

Os artistas de circo acreditam tanto na Segunda Lei que não têm medo de se ferirem quando um aplica uma marretada numa enorme barra de concreto que está sobre o peito do outro. A explicação é simples: a barra é tão "pesada" que resiste ao movimento imposto pela marreta e absorve totalmente o impacto, por isso nem se move.

A explicação

Tudo o que existe no universo está parado ou em movimento. E quem está em movimento se move com ou sem aceleração.

Aceleração é o quanto a velocidade de um objeto varia num determinado período, ou seja, quando o sinal de trânsito abre você arranca com o seu carro, passados dez segundos, já está a 140 km/h. Nesse caso há aceleração, pois a velocidade variou à medida que o tempo passou. Para facilitar a compreensão, lembre-se de que aceleração é sempre algo que se sente no corpo. No momento em que seu carro acelera, o seu corpo é jogado para trás. Quando você freia o seu corpo é jogado pra frente. Quando você faz uma curva o seu corpo é jogado para o lado. Enfim, se o seu corpo mexer por causa do movimento do carro é porque ele possui aceleração. E se existe aceleração, é porque nele atua uma força.

Para a Segunda Lei é importante saber que forças são essas, quem é o agente causador, qual é a sua direção e o seu sentido e quantas

PROFESSOR PACHECÃO

forças são, pois para fazer as previsões desejadas é necessário conhecer a resultante de todas essas forças.

A Segunda Lei não pode ser aplicada em objetos que se movem a grandes velocidades, pois nessa situação a massa do corpo varia, e a Segunda Lei só trabalha com situações em que a massa permanece constante. Situações como essas são estudadas pela Física Moderna. Einstein afirmou na teoria da relatividade restrita que, à medida que a velocidade de um corpo aumenta, sua massa também aumenta.

A Segunda Lei, o poder da liderança e a força da equipe

"A função do gestor é capacitar as pessoas a atuar em conjunto, potencializando suas forcas e minimizando suas fraquezas."

PETER DRUCKER

"Unir-se é um bom começo, manter a união é um progresso e trabalhar em conjunto é a vitória."

HENRY FORD

"A paz não pode ser mantida à força. Somente pode ser atingida pelo entendimento."

ALBERT EINSTEIN

Vimos no capítulo anterior, dedicado à eletricidade, a importância de termos o maior número de pessoas ao nosso redor, independentemente dos seus pontos de vista, independentemente das diversas personalidades.

A importância de termos conosco uma equipe coesa. Depois do atrito vem a atração. E uma vez com a equipe unida, a Segunda Lei de Newton tem necessariamente que entrar em ação, pois de nada adianta uma equipe coesa se ela não consegue sair do lugar. Para que isso seja possível a figura do líder é fundamental, e certamente em algum momento da sua caminhada você poderá estar nessa posição de liderança.

Compreender a Segunda Lei de Newton será muito útil para você.

> # Resumindo a lei
>
> A aceleração de um objeto é diretamente proporcional à força resultante atuando sobre ele; tem o mesmo sentido dessa força e é inversamente proporcional à massa do objeto.

A função do líder

A função principal do líder é apontar os caminhos para onde seus liderados devem seguir. Uma vez claros os objetivos e as metas (*foco*), o líder deverá motivar todos os integrantes da equipe para somarem suas forças nessa direção. E relembrando aquilo que dissemos no capítulo "Ótica – A luz", a melhor maneira para que um líder motive sua equipe é ser o primeiro a fazer, é ser o exemplo, o reflexo para seus liderados.

Cada um tem seu talento, sua competência, e até mesmo maneiras diferentes de executar a mesma tarefa. Talentos e competências diferentes não constituem um problema, e, sim, solução desde que essas forças estejam apontadas para a mesma direção e o mesmo sentido.

Se o líder não consegue convencer toda a sua equipe a somar esforços num único sentido, alguns provavelmente estarão como dito no popular "puxando a coisa para trás"; aí, o somatório de forças da equipe obviamente diminui. Isso resultará na diminuição da aceleração e, por consequência, em maior lentidão na conclusão das tarefas, na conquista dos objetivos do grupo ou da empresa.

Em um mercado cada vez mais competitivo, onde vencem aqueles que chegam mais rápido, a morosidade é um grande risco. Por outro lado, se todos os integrantes de uma equipe estiverem juntos, cada um à sua maneira, com tarefas diferentes, mas fazendo força na mesma direção e no mesmo sentido, certamente essa equipe terá maior velocidade na conquista dos objetivos, maior eficiência e produtividade e um maior número de clientes bem atendidos. Resumindo: sucesso.

A massa do objeto

Outro aspecto relevante da Segunda Lei diz respeito à massa do objeto.

Como vimos na teoria da Segunda Lei de Newton, quanto maior a massa do corpo, menor será a sua aceleração, ou seja, maior será a dificuldade que esse corpo oferece em alterar sua posição de movimento. Portanto, quanto maior a massa, maior será a sua inércia.

No cotidiano, vamos analisar a massa do objeto de duas formas:

1. A primeira, a massa como o objetivo a ser alcançado, o problema

A CIÊNCIA DO SUCESSO

a ser resolvido, ou a tarefa a ser cumprida.

2. A segunda, a massa do objeto como se fosse a própria equipe.

A massa do objeto como tarefa

Dependendo do tamanho do objetivo, do problema ou da tarefa, cabe ao líder mobilizar e destacar a quantidade certa de pessoas e com os talentos necessários para agir em cada caso.

Grandes objetivos demandarão maior número de pessoas envolvidas e com sintonia específica para que aqueles sejam realizados com maior velocidade e eficiência.

Tarefas e problemas diferentes dependerão de talentos diferentes para serem cumpridos e resolvidos. Escalar as pessoas certas e em quantidade adequada para cada caso garante maior velocidade, eficiência e satisfação da equipe na realização do trabalho.

Agora, independentemente das tarefas pontuais, dos problemas ou dos objetivos operacionais, vale sempre reforçar a importância da somatória das forças de toda equipe na direção do foco principal da empresa.

Massa do objeto = ao tamanho da equipe

É interessante também analisar a massa do objeto considerando-a a própria equipe. Nesse caso, concluímos de maneira clara que uma equipe enxuta e pequena, normalmente, consegue uma aceleração maior do que uma equipe numerosa, inchada.

PROFESSOR PACHECÃO

Uma equipe enxuta é mais eficiente e veloz por diversos fatores que podem ser notados facilmente. Nessa equipe são menores os problemas de comunicação por envolver um número menor de pessoas e, provavelmente, um número menor de camadas na hierarquia. Também são menores os riscos de os membros da equipe perderem energia em atritos desnecessários. Como estamos tratando de uma equipe enxuta, seus integrantes estarão na maior parte do tempo envolvidos nas tarefas e nos objetivos propostos pela empresa. Os atritos que, porventura, existirem, muito provavelmente, acontecerão na busca de soluções para as tarefas do trabalho, e, consequentemente, podem ser considerados salutares para alavancar os resultados da equipe. Os membros de uma equipe enxuta não tem tempo a perder com as múltiplas distrações da internet (*e-mails*, PowerPoint, vídeos do YouTube, *blogs* de piada e até mesmo pornografia digital), com fofocas e conversas desnecessárias, entre outros passatempos que têm como única finalidade dissipar a energia em atividades fora do foco.

Esses fatores dissipadores de energia são notórios em empresas inchadas, onde os membros da equipe não têm funções bem definidas, metas a cumprir ou, simplesmente, não estão envolvidos no projeto da empresa. Essas pessoas tornam-se um peso desnecessário. Pior ainda, a ociosidade faz que elas, além de não produzirem nada de efetivo, atrapalhem aquelas que estão engajadas em algum projeto, ou até mesmo tentando fazer alguma coisa por conta própria.

A falta de liderança e de objetivos claros para a equipe contribui para que, nessa empresa, se consolide o ciclo vicioso da morosidade.

Por outro lado, os membros de uma equipe enxuta desenvolvem a habilidade de resolver tarefas com eficiência e rapidez. Eles sabem

A CIÊNCIA DO SUCESSO

que os resultados da empresa dependem diretamente do seu trabalho, e não têm em quem colocar a culpa pelo fracasso da organização. Tornam-se assim mais competentes, responsáveis pelo negócio e capacitados para vencer em um ambiente de trabalho cada vez mais dinâmico e turbulento.

É muito comum vermos pequenas empresas derrubarem colossos corporativos por serem mais velozes em abraçarem as oportunidades que o mercado oferece. Foi o que aconteceu quando a Microsoft, ainda nanica, colocou de joelhos a paquidérmica IBM ao apostar nos aplicativos para o então ilustre desconhecido computador pessoal. E, mais recentemente, o que a então iniciante Google fez com a mesma Microsoft (dessa vez já gigantesca) tomando a dianteira nas oportunidades pulsantes do mercado da internet.

Para finalizar e comprovar os malefícios de uma equipe inchada, vamos ao triste exemplo da ineficiência de grande parte de nosso serviço público.

Os governos empregam um contingente enorme de pessoas, mas lamentavelmente não prestam bons serviços aos seus clientes: a população. Apesar de contar com dezenas de milhares de pessoas bem intencionadas, os diversos órgãos públicos se perdem pela falta de metas, de foco, de motivação da equipe, enfim, os serviços dos governos empacam pelo próprio peso. Nota-se que, felizmente, alguma coisa tem sido feita para mudar o quadro desenhado acima em alguns estados brasileiros nos últimos anos.

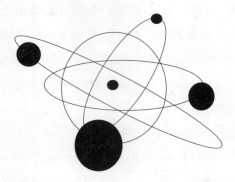

Ondas

> **Uma onda é toda perturbação que se propaga sem transporte de matéria, mas com transporte de energia.**

A todo instante cruzamos com centenas de variados tipos de ondas, e nossos corpos não detectam suas presenças, a não ser as ondas mecânicas longitudinais que possuem frequências entre 20 hertz e 20.000 hertz. Estas, sim, conseguem estimular o nosso aparelho auditivo, pois constituem o espectro de frequências naturais de nosso tímpano.

Entende-se por **frequência natural** a frequência com a qual um corpo vibra quando for perturbado pela ação de uma força. Por

A CIÊNCIA DO SUCESSO

exemplo, quando você deixa um cano de metal cair no chão, o som emitido por ele nos revela a sua frequência natural. E quando nosso tímpano vibra numa dessas frequências dizemos que o nosso aparelho auditivo entrou em ressonância com essa fonte.

Sons com frequência **abaixo de 20 Hz são denominados infrassons**, e os sons com **frequência acima de 20.000 Hz** são chamados de **ultrassons**.

Cães e gatos conseguem ouvir acima de 20.000 Hz. Na realidade, eles conseguem captar ondas de até 50.000 Hz, enquanto os morcegos alcançam 120.000 Hz. Todavia, os elefantes se comunicam por infrassons, ou seja, sons com frequências abaixo de 20 Hz.

Uma característica de onda é que quanto menor for a sua frequência maior será o seu comprimento de onda, e isso implica maior alcance. Ou seja, maior será a difração, que é a capacidade de uma onda contornar obstáculos. Essa é a razão pela qual os elefantes conseguem se comunicar com outros a uma distância de até 40 km.

Classificamos as ondas segundo a forma e a natureza. Quanto à forma, podemos ter as **longitudinais** e as **transversais**, e quanto à natureza também existem outros dois tipos, que são as **mecânicas** e as **eletromagnéticas**.

O que faz uma onda ser longitudinal ou transversal é a vibração do meio material em relação à sua propagação. Quando você pega na ponta de uma corda e outra pessoa pega na outra ponta e em seguida sua mão começa a vibrar para cima e para baixo, o que estão sendo produzidas são ondas transversais, pois a vibração da corda é perpendicular à direção da propagação da onda. Caso você pegue uma mola e a puxe para frente e para trás, aí estão sendo produzidas ondas longitudinais. Nesse caso, a direção da vibração da mola coincide com a direção da propagação da onda.

O que difere uma onda mecânica de uma eletromagnética é que uma precisa de meio material para se propagar enquanto a outra não. O som, por exemplo, é uma onda mecânica, pois ele precisa do meio, o ar, por exemplo, para se propagar. É por isso que o barulho produzido pelas explosões solares não consegue atingir a Terra; a camada de vácuo existente entre o Sol e a Terra impede sua passagem. Entretanto, a luz consegue atravessar o vácuo e nos atingir. A luz não precisa de meio material para se propagar, portanto, a luz é uma onda eletromagnética.

Ressonância

É o fenômeno que justifica o fato de um corpo vibrar, por influência de outro, na mesma frequência.

Só vai ocorrer a ressonância se a frequência de vibração desse corpo coincidir com a frequência natural do outro. Por exemplo, se uma onda sonora possuir uma frequência acima de 20.000 Hz ela não entrará em ressonância com os meus tímpanos, pois como já dissemos anteriormente, essa frequência não pertence ao meu espectro de frequências naturais. Para entrar em ressonância com os meus tímpanos essa onda deve possuir frequência entre 20 Hz e 20.000 Hz.

A CIÊNCIA DO SUCESSO

Alguns exemplos de ressonância

1 Colocando-se dois diapasões idênticos um próximo do outro e vibrando um deles, o outro também passa a vibrar com a mesma frequência.

2 Também por ressonância, a voz de uma cantora pode quebrar uma taça de cristal; o coro de uma igreja pode trincar seus vitrais; nós ouvimos por ressonância; é como funciona o aparelho de micro-ondas; sintonizamos uma emissora de rádio; o som é amplificado ao entrar em ressonância com o ar dentro da caixa acústica; soldados em marcha cadenciada podem abalar a estrutura de uma ponte ou até mesmo derrubá-la.

A explicação

Ainda bem que uma onda não transporta matéria, pois se assim fosse teríamos que usar pesadas e desconfortáveis armaduras para nos proteger das inúmeras colisões que sofreríamos quando cruzássemos com essas ondas. Desprovidos dessa carapaça, correríamos o risco de sofrer sérios hematomas e vivenciarmos diariamente situações inusitadas e constrangedoras. A natureza é mesmo muito sábia.

Quando comento sobre o poder de destruição de uma bomba, como a que foi colocada certa vez no centro de Londres, e que destruiu casas e prédios num raio de uns 200 m aproximadamente, alguns alunos ficam surpresos com a afirmação de que isso é decorrente da variação da pressão do ar provocado no momento da explosão. As moléculas de ar que estão em contato com a bomba são fortemente empurradas para frente, e essa pressão passa de molécula para molécula. Quando elas atingem as moléculas que estão encostadas nas paredes e nas janelas de vidro, essa força é transmitida imediatamente a elas. Como as paredes e o vidro não possuem elasticidade, eles se quebram logo em seguida.

O mesmo acontece quando nos comunicamos. Nossas cordas vocais pressionam as moléculas de ar que estão dentro da nossa boca, e essa vibração vai passando de molécula para molécula até atingir o tímpano do nosso interlocutor. Como o tímpano é uma membrana que possui certa elasticidade, ele vibra com a mesma frequência da onda emitida pelas nossas cordas vocais e com isso se dá o processo de comunicação.

Na geração das ondas eletromagnéticas podemos substituir nossas cordas vocais pelas cargas elétricas existentes nas antenas das emissoras de rádio, por exemplo. O que vibra, nesse caso, não são as moléculas do meio, e, sim, os campos elétrico e magnético criados pela vibração das cargas elétricas existentes nessas antenas.

Enquanto para o som a pressão atuante na molécula seguinte é cada vez menor, o que provoca o seu enfraquecimento e, consequente, desaparecimento, para a luz isso não acontece. Uma vez produzida ela jamais se extingue. Por isso é que às vezes podemos ser surpreendidos com o aparecimento de uma nova estrela no céu. Ela está tão distante da Terra que a luz emitida por ela ainda não havia nos atingido. Pode até acontecer que a estrela tenha se extinguido e que só agora sua luz nos atingiu. Da próxima vez em que você olhar para o céu, saiba que pode estar olhando para uma estrela que não existe mais. O que você vê são restos de luz que ainda estão a

A CIÊNCIA DO SUCESSO

caminho. Se uma das estrelas conhecidas como Três Marias morrer hoje, ficaremos recebendo sua luz pelos próximos 800 anos. Isso acontece porque a luz produzida pela oscilação das cargas elétricas existentes em seu interior leva 800 anos para chegar até aqui. Por causa disso, dizemos que a distância entre a Terra e as Três Marias é de 800 anos-luz.

O azul do céu é um bom exemplo de ressonância. Como sabemos, a luz proveniente do Sol possui sete cores: vermelho, alaranjado, amarelo, verde, azul, anil e violeta e mais duas que não são perceptíveis aos nossos olhos: a luz infravermelha e a ultravioleta. O céu se torna azul porque o espalhamento dessa cor é maior que o das outras, e isso ocorre por causa do tamanho das moléculas existentes na atmosfera serem da mesma ordem de grandeza que o comprimento de onda da luz azul. Quando a onda colide com a molécula faz que ela vibre na mesma frequência dessa onda. Vimos anteriormente que, quando uma carga elétrica oscila, ela passa a ser uma fonte geradora de ondas eletromagnéticas de frequências iguais ao corpo que a fez vibrar. Ora, quem fez a carga vibrar foi a luz azul, logo essa carga oscilará com a mesma frequência do azul e emitirá ondas com igual frequência, potencializando, assim, a cor azul, uma vez que todas as moléculas do meio vibram com tal frequência.

O efeito estufa é outro bom exemplo de ressonância. A Terra durante o dia absorve calor do Sol e à noite ela perde parte desse calor através da emissão de raios infravermelhos (ondas de calor), que são ondas eletromagnéticas de grande comprimento de onda. Essas ondas encontram pela frente moléculas de CO_2 que têm a mesma dimensão do comprimento de onda do infravermelho. Elas entram em ressonância com a radiação infravermelha e a espalham para todos os lados, inclusive de volta à Terra, aquecendo-a cada vez mais. Quanto maior a quantidade de moléculas de CO_2 presentes na atmosfera maior será a ressonância e, consequentemente, maior será a dificuldade da fuga dos raios infravermelhos.

O processo de comunicação da natureza se faz com a luz e com o som. Quando provocamos um átomo ele nos responde através da emissão de luz, estudando essa luz é que compreenderemos sua mensagem. Isso se dá também conosco. Nossa forma de vestir e de falar compõe o nosso arsenal de comunicação, bem como nosso poder de sedução e engajamento com os outros.

A ressonância e a comunicação

"Sessenta por cento de todos os problemas administrativos resultam de ineficácia na comunicação."

PETER DRUCKER

"Há três tipos de empresas: empresas que tentam levar os seus clientes onde eles não querem ir; empresas que ouvem os seus clientes e depois respondem às suas necessidades; e empresas que levam os seus clientes aonde eles ainda não sabem que querem ir."

GARY HAMEL

"Quanto menos alguém entende, mais quer discordar."

GALILEU GALILEI

Segundo uma pesquisa feita com os principais executivos de empresas, a má comunicação é o problema número um nos negócios

A ciência do sucesso

e também nos relacionamentos. Comunicar-se bem é fundamental, ultrapassa as questões de aptidão e torna-se para qualquer profissional uma necessidade, assim como dormir, comer, etc. Por isso nossa comunicação tem de ser inteligível, nossa linguagem deve pertencer ao mesmo universo do nosso interlocutor. Isso é o que chamamos de ressonância. Falar a linguagem do cliente é isso, falar do jeito dele, da forma que ele entende. Nossa comunicação é composta pela luz que refletimos e pelo som que emitimos, são esses os elementos que constituem nosso poder de conquista. Temos apenas isso em mãos.

Então devemos ser extremamente zelosos com a nossa imagem e a nossa forma de comunicar.

Nossa comunicação é um processo natural e fisiológico, mas pode ser controlado e calculado, variando de acordo com os múltiplos papéis que exercemos. Podemos ainda dispor de alguns recursos, como as manifestações verbais, o uso de pausas, a entonação da fala, o uso de gestos, a imagem corporal, a postura, etc.

Sempre há uma maneira de tocarmos o coração das pessoas e só se chega lá por meio de palavras e gestos, ou seja, pela comunicação. Pode demorar um pouco, é preciso muita paciência e persistência, mas posso lhe garantir que essa é a única forma de criarmos parcerias e estabelecermos relações fundamentadas em valores nobres e sólidos.

Entrar em ressonância com o outro, essa deve ser a nossa primeira preocupação. Entrar na mesma frequência das pessoas com quem nos relacionamos é fundamental para transformar esse relacionamento em algo mais produtivo. Mas como fazer para entrar na mesma frequência do outro? Resposta: ligue suas antenas e fique atento aos sinais que as pessoas passam durante o tempo que estão com você. Conheça o melhor possível das pessoas com as quais se relaciona, observe-as e, principalmente, saiba ouvi-las.

Se você quer comunicar com clareza, entre em ressonância com seu interlocutor. Quando entramos em ressonância com o outro, conseguimos compreendê-lo, conseguimos nos colocar no lugar do outro, criamos empatia. Dessa forma, encontraremos a melhor maneira de nos comunicar com ele. Saberemos a hora e o modo correto de falar. Ouça-o ao máximo, compreenda o que está se passando na cabeça do seu interlocutor e somente após conhecê-lo, posicione-se com clareza.

Uma habilidade do líder de sucesso é a capacidade de entrar em ressonância com toda a equipe. Fazendo isso, ele consegue se comunicar com cada um de maneira eficiente, motivá-los, colocando todos na mesma frequência, na mesma onda. É bom lembrar que todos nós precisamos da colaboração dos outros e essa colaboração será potencializada quando esse colaborador estiver motivado. A motivação é um processo dinâmico, por isso, devemos fazer, dependendo da necessidade, reuniões semanais ou mensais com todos os nossos colaboradores.

Ressonância e vendas

O sucesso certamente está mais próximo de quem vende mais. No final da vida, seu balanço financeiro será positivo se você conseguiu vender mais do que comprou. Afinal, vivemos em um mundo capitalista e estamos vendendo e comprando 24 horas por dia.

A CIÊNCIA DO SUCESSO

Então, se você pensa que não é da área de vendas, ou é um daqueles que acha que vendas não é importante, seguem duas constatações para que você mude logo seu pensamento.

A primeira: o único profissional para o qual não falta trabalho é o vendedor.

A segunda constatação: mesmo sem saber você está vendendo o tempo todo.

Quando não vende algum produto, está vendendo a sua imagem, o seu próprio trabalho.

Enfim, acredito que existem dois tipos de profissionais no mercado: os vendedores e os perdedores. Pense no tamanho do meu desafio: vender Física. Um produto que a grande maioria dos meus clientes odeia.

Alguém já andou dizendo que "todos nós temos clientes, só traficante é que tem usuário".

Onde está o seu cliente?

Depois de toda essa argumentação, se você ainda estiver em dúvidas sobre a importância de ser um vendedor, talvez seja por medo, por insegurança ou por não saber como fazer uma venda tenho certeza de que ficará um pouco mais seguro, quando souber que vendas é ressonância pura.

De vez em quando encontrava pela frente um aluno meio inquieto, hiperativo, que durante o tempo em que eu estava explicando a matéria ele conversava com seus amigos no fundo da sala. Não entendia bem o seu comportamento, mas evitava bater de frente com ele e chamar sua atenção diante da turma. Terminada a aula procurava me aproximar, e em seguida, estabelecia uma conversa. Alguns instantes depois estávamos falando de coisas de interesse comum e na primeira oportunidade que tinha o convidava a sentar-se na primeira fileira. Pronto! O problema foi extirpado. Sempre tive esse comportamento. Colocava os alunos mais agitados nas primeiras cadeiras. Mantendo-o próximo, ficava mais fácil interagir com ele. Portanto, fale a linguagem do seu cliente.

Se você vende sapatos, por exemplo, e encontra dificuldades em apresentar o produto para o próximo cliente, não se preocupe. Descubra do que esse cliente gosta e fale primeiro sobre isso com ele. No final da conversa fale sobre o que lhe interessa. Lembre-se sempre: primeiro o cliente. Toda ação tem uma reação, para receber você tem que dar primeiro.

Caso o seu cliente goste de cavalos e você não entende nada sobre esse assunto, sugiro que compre um livro sobre cavalos. Depois de umas cinco horas de conversa sobre cavalos e já de partida, diga a ele: olha, estou com uma carreta cheia de sapatos lá fora, vou mandar descarregá-la e darei um prazo para você me pagar. Sabe o que ele provavelmente vai dizer? "A carreta toda não, me deixe só 500 pares. Vou ajudá-lo, vou fazer isso porque gosto de você". Viu só? Pelo menos 500 pares foram vendidos. É preciso lembrar que as pessoas têm dificuldades em dizer NÃO quando falamos a linguagem delas, quando estabelecemos uma ponte com elas.

Entre em ressonância com o mundo.

Antenas ligadas para o mercado.

Fique atento às oportunidades, ao que o mercado está pedindo. Saiba o máximo possível sobre o setor em que atua. Pesquise o que está acontecendo perto de sua área de atuação, descubra o que seus concorrentes estão fazendo e pesquise o que existe de inovação em

A CIÊNCIA DO SUCESSO

seu setor pelo mundo afora. A internet possibilita que, com poucos toques no teclado do seu computador ou na tela de seu celular, você esteja por dentro de qualquer assunto.

Fique atento também ao que está acontecendo em setores diferentes daquele em que atua. De repente alguma ideia inovadora para seu setor poderá surgir de ações similares realizadas com sucesso em outros setores. Saiba que o cabo de fibra ótica muito utilizado em telefonia veio de outra área, que a indústria farmacêutica depende cada vez mais do conhecimento que está além dos seus laboratórios específicos, como genética, microbiologia, biologia molecular, eletrônica médica, etc., e que o transistor produzido nos laboratórios da Bell Labs, de telefonia, foi útil em outros setores.

Se o produto que você vende é o seu próprio trabalho, fique antenado com as necessidades dos empregadores. Atualize-se, estude, capacite-se. Faça isso para que você possa vender o seu próprio trabalho de uma forma mais valorizada.

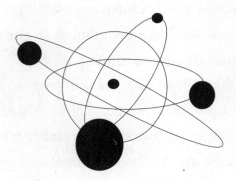

A Primeira Lei de Newton

O conceito

Quando você puxa uma mesa para a direita e alguém a puxa para a esquerda com força igual à sua, o que será que acontece?

A Primeira Lei de Newton, ou a Lei da Inércia de Galileu, nos dá a resposta. E a resposta é: depende. Depende? É isso mesmo, depende.

Depende de como a mesa estava antes da aplicação das duas forças.

Newton afirmou o seguinte: se a mesa estivesse em repouso ela permaneceria em repouso e se ela estivesse em movimento ela permaneceria em movimento, só que esse movimento seria retilíneo e uniforme, ou seja, ela se moveria em linha reta e com velocidade constante.

Assim, concluímos que, quando a resultante das forças que atuam em um corpo for nula, esse corpo apresenta duas possibilidades:

repouso ou M. R. U. (Movimento Retilíneo Uniforme). Se ele estiver em repouso, permanecerá em repouso, e se estiver em movimento, permanecerá em movimento retilíneo uniforme.

Nas palavras do próprio Newton, encontramos a inércia de Galileu:

"Todo corpo permanece em estado de repouso, ou em movimento retilíneo uniforme, a menos que seja compelido a mudar de estado por forças nele aplicadas."

Devemos dar destaque a dois conceitos que estão embutidos na Primeira Lei e passam despercebidos a um olhar menos atento. O primeiro conceito é o de **inércia**, e o segundo, de **força**.

Segundo Newton, *os corpos tendem a fazer o que estavam fazendo*, esse é o conceito de inércia. É ela que possibilita um carro estacionado na garagem continuar parado, um bolo continuar imóvel sobre a mesa, uma nave espacial permanecer em movimento sem uso dos motores.

E o segundo é o conceito de força. Para que os corpos parem de fazer o que estavam fazendo é necessário a aplicação de uma força. A força é o fator que compele os objetos a modificar seu estado de movimento.

Uma força, nas palavras de Paul Hewitt,

"é uma ação exercida sobre um corpo; essa força consiste somente na ação, e não mais permanece no corpo quando a ação termina. Ninguém pode ter força, porque ninguém pode ter ação. Ação se faz, exerce ou sofre – uma pessoa não pode ter um empurrão ou um puxão, ela pode fazer, exercer ou sofrer".

Então o personagem He-Man estava errado quando gritava que ele tinha a força. O correto seria dizer que ele poderia praticar uma força de grande intensidade.

O que precisa ficar bem claro é que *as mudanças de movimento não ocorrem espontaneamente. Só se vence a inércia pela ação de forças.* É o que acontece quando um carro entra em movimento, quando um avião decola, quando uma bomba explode.

A explicação

Sempre há uma ou mais forças atuando em um corpo. Os efeitos que elas produzem dependem da resultante delas e não da ação isolada de cada uma. Em nosso corpo, se estivermos em repouso, por exemplo, atua sobre nós a força **peso**, que é a ação da Terra sobre nós, e a força **normal**, que é a força que o solo onde pisamos exerce em nossos pés.

A Primeira Lei não está preocupada que forças são essas, com seus nomes, quem as produziu, quantas são, etc. Nada disso é objeto de sua preocupação. Ela está preocupada com a resultante dessas forças. A atuação de mil forças em um corpo pode produzir menos efeito que a ação de apenas uma delas. Essa era a preocupação básica de Newton, com o resultado, com a resultante, enfim, com o que acontece aos corpos, o que verdadeiramente essas forças provocam.

Quando nosso carro está parado no sinal de trânsito e outro colide por trás, o que acontece ao nosso corpo? Imediatamente

A CIÊNCIA DO SUCESSO

a poltrona nos empurra para frente. Caso não tenhamos encosto de cabeça podemos quebrar o pescoço. Isso ocorre porque a nossa cabeça, estando em repouso, tende a permanecer em repouso, pois nenhuma força atuou sobre ela após a colisão. O restante do corpo entra em movimento com o carro, pois foi empurrado pelo banco, enquanto a cabeça ficou. Ela resiste ao movimento do carro. Então inércia é isso, é a resistência que um corpo oferece para fazer algo diferente daquilo que estava fazendo. Essa era a preocupação de Newton, com os efeitos advindos da ação da resultante das forças.

Se estivermos a 100 km/h numa estrada plana e reta e subitamente entramos numa curva estando a pista molhada e escorregadia, o que pode nos acontecer? Com certeza, continuaríamos fazendo o que fazíamos antes, ou seja, permaneceríamos a 100 km/h e em linha reta. Iríamos sair pela tangente tentando romper com o princípio da impenetrabilidade, ou seja, tentando ocupar lugares já ocupados por árvores, barrancos, etc. Houve uma resistência muito grande por parte dos motoristas quanto ao uso do cinto de segurança. Imagine um carro a 140 km/h que, por motivos técnicos, breca abruptamente. Quem estiver dentro do carro tende a permanecer a 140 km/h, enquanto o carro já se encontra em repouso. A tendência do motorista e dos passageiros é saírem pelo para-brisa. A isso e a muito mais se dá o nome de inércia. E nossa vida é cercada por exemplos dessa natureza, seja em casa, no trabalho, em nossos momentos de lazer.

PROFESSOR PACHECÃO

A lei da inércia e a inovação

*"A inovação sempre significa um risco. Mas ir ao
supermercado de carro para comprar pão também é
arriscado. Qualquer atividade econômica é de alto risco
e não inovar – isto é, preservar o passado – é muito
mais arriscado do que construir o futuro."*

PETER DRUCKER

*"Nenhuma grande descoberta foi feita jamais
sem um palpite ousado."*

ISAAC NEWTON

"Inovação distingue um líder de um seguidor."

STEVE JOBS

Simples e direto

Todo corpo permanece em estado de repouso
ou em movimento retilíneo uniforme, a menos
que seja compelido a mudar de estado
por forças nele aplicadas.

Praticamente todos nós já deparamos com situações que nos cobraram mudanças radicais, as quais, em princípio, nos deixaram sem chão. Sem nos apresentar qualquer outra alternativa, sinalizavam uma única direção, um único caminho que, na maioria das vezes, era extremamente contrário aos nossos interesses e desejos.

A CIÊNCIA DO SUCESSO

Esperneávamos, ficávamos irados com a urgência que a situação nos impunha e, com muito custo, decidíamos. Enfim, saíamos da inércia. Vencíamos o medo e partíamos.

Quantos de nós tivemos que romper com nosso passado, seja por necessidade ou desejo, mas tivemos que encarar o desafio e partir em busca do desconhecido. Deixamos o aconchego da família, a casa de nossos pais e procuramos outras formas de vida e de novas possibilidades e alternativas. E conseguimos.

É incrível como a vida é! A todo instante ela nos exige mudanças. Quando vivemos de modo confortável e previsível, a vida nos dará como companhia o tédio e, mais para frente, sentiremos um grande vazio, a confirmação de que poderíamos ter realizado muito mais com a vida que nos foi concedida. Necessitamos do desafio de realizar algo para que possamos viver de forma saudável. Os problemas, que porventura, surgem em nossas vidas nos desinstalam. No princípio, ficamos chateados, questionamos o porquê da sua presença, mais tarde, bem mais tarde, compreendemos o quanto foi fundamental sua existência.

É o que aconteceu ao Papa João XXIII. Quando garoto cresceu em um período de guerras, e sua infância e juventude foram muito sacrificadas por causa das dificuldades concernentes às circunstâncias da época. Um dia, descobriu que no seminário próximo à sua casa serviam sopa e pão. Como em sua mesa faltava o básico para a sua sobrevivência, teve a ideia de bater à porta do seminário e dizer que tinha vocação para ser padre. Mais tarde se tornou Papa. Bendita guerra e bendita fome. Foi o desejo de permanecer vivo e satisfazer suas necessidades básicas que fez que ele rompesse com sua inércia e tomasse uma atitude.

PROFESSOR PACHECÃO

Veja outro belo exemplo. Anos atrás, conheci um médico na cidade de Niterói e ele me disse que aos 28 anos era escriturário em um banco e já se dava por satisfeito com sua profissão e salário. Num certo dia um gerente o esculhambou. Ele deu um tapa na mesa e disse em seguida: serei médico. Casado e pai de duas filhas foi fazer cursinho. No final do ano já era aluno da Universidade Federal Fluminense (UFF). Seis anos depois se formava em Medicina. Sabe-se lá como ele viveu nesses seis anos de faculdade, conciliando trabalho, escola e família. Hoje em dia, aos 60 anos, está feliz, se sente super-realizado, e assim que nossa conversa terminou, pegou o seu capacete e foi dar uma volta pela cidade pilotando sua linda motocicleta Harley-Davidson. O acompanhei com o olhar até sumir na esquina. Ele merece! Foi o que pensei. Saiu da inércia, pagou o preço e ganhou a liberdade.

É isso, companheiro! Não importa idade, cor, sexo, orientação sexual, etnia, religião, cidadania. Nada importa. O mundo é abundante. Isto tudo é nosso.

Para conseguir o que queremos é preciso coragem. Se neste momento você precisa tomar uma decisão, não protele mais. É agora. Vá, para não se arrepender mais tarde. Lembre-se de que um dia bateremos no fundo de um buraco com sete palmos de terra por cima. Desculpe-me assustá-lo, mas essa é a mais pura realidade.

Encare o desconhecido

Não tenha medo de encarar o desconhecido. É lá que estão as grandes oportunidades.

Arregace as mangas e saia da inércia. Afinal, a incerteza é o caminho da liberdade. Converta seus sonhos em metas, suas metas em

A CIÊNCIA DO SUCESSO

passos e seus passos em tarefas. Fragmente o problema e o resolva por partes. Acolha as sugestões de São Francisco de Assis: "Comece fazendo o que é necessário, depois o que é possível e, de repente, você estará fazendo o impossível".

Realize seus sonhos, esse é o nosso maior objetivo. Quando desistimos de nossos sonhos, a vida se torna uma mera rotina sem o menor sentido. Saiba que se fosse para ficar parado, você tinha nascido árvore.

Até para a saúde sair da inércia é importante. Em uma propaganda de um hospital de São Paulo, encontrei a seguinte mensagem: "O sedentarismo é assim: quanto mais você entra nele, mais difícil fica de sair. Ainda bem que o contrário é verdadeiro, pois quanto mais você sai, mais se sente disposto e mais quer se movimentar. A prática de atividade física é um meio eficaz para fortalecer o organismo e produz inúmeros benefícios, pois evita doenças cardiovasculares, combate o estresse, ajuda a perder peso e por aí vai".

Portanto, saia você também da inércia: prepare-se melhor, surpreenda os consumidores com um serviço excepcional, antecipe necessidades, inove, adiante-se aos prazos, entregue mais do que promete e, o mais importante, seja feliz.

Devemos nos lembrar de que a inércia favorece a resistência a processos de mudança e inovação. Vença a inércia. Resista à acomodação e à mesmice. Inove, a hora é agora. Não espere o chefe lhe dar oportunidades. Cave as possibilidades. Pense e aja de forma diferente, criativa e eficaz. O mundo e as empresas querem inovadores, empreendedores. Queremos o máximo possível o mais rápido possível.

Temos uma inclinação natural a seguir o caminho que oferece a menor resistência, somos iguais aos elétrons que se movem no interior de um fio. Quanto menor a resistência de uma lâmpada maior é o número de elétrons que escolhem passar por ela e, portanto, maior a intensidade da corrente elétrica que a percorre. Somos iguais à corrente elétrica. Temos comportamento de bando, para onde vai um, vão todos. Faça diferente aquilo que pode e precisa ser feito de modo diferente. Diferencie-se. Se continuarmos fazendo o que sempre fizemos, continuaremos ganhando o que sempre ganhamos, e o pior, não descobriremos essa força descomunal que há dentro de cada um de nós. Benjamin Franklin nos disse que "a definição de insanidade é fazer a mesma coisa sempre igual esperando resultados diferentes". Portanto, faça o que for melhor para o seu cliente, descubra suas necessidades e atenda-o.

Na cartilha do SEBRAE encontra-se: "Inovar é fazer algo diferente daquilo que já existe, ou de uma forma diferente daquela que já existe.

O primeiro passo para realizar uma inovação é perceber a necessidade de melhorar. O segundo é transformar essa necessidade em realidade. Mas a inovação não é um processo rápido, exige aprendizado e paciência. Além disso, deve-se estar ciente de que para o retorno esperado existem sempre riscos associados e proporcionais.

Para inovar é preciso ter criatividade. Criatividade é a habilidade de pensar e a habilidade de imaginar as coisas do dia a dia de uma maneira diferente. Inovação é mais do que só ter criatividade. É usar a criatividade para construir algo novo e, principalmente, útil para a vida das pessoas, seja um produto ou um serviço inovador".

E daí?

Como já é consenso entre todos nós, e um dos temas mais tratados e importantes no mundo corporativo de hoje, inovar é uma das principais chaves para o sucesso das empresas.

A CIÊNCIA DO SUCESSO

A inovação é responsável pelo desenvolvimento de novos produtos, por meios de produção mais eficiente, por produtos com maior valor agregado, enfim, num ambiente cada vez mais competitivo. Inovação é a ordem do momento.

O mundo exige que sejamos inovadores.

Daí duas perguntas para serem respondidas agora. Por que para inovar é necessário sair da inércia? Como sair da inércia e inovar?

A resposta para a primeira pergunta é muito clara. Se estivermos movidos pela inércia, fazendo as mesmas tarefas todos os dias, felizes com o que estamos ganhando todo final do mês, ou satisfeitos com sucessos passados, certamente não gastaremos ou transformaremos nossa energia em alguma mudança ou algo que acrescente valor em nossas vidas ou em nossa empresa. E por incrível que pareça é o que acontece com a maioria das pessoas. A lei da inércia é realmente feroz. A preguiça, o comodismo, são frutos dessa lei universal em nossas vidas e é impossível inovar, criar algo novo, se estivermos movidos por tais atitudes.

E como sair da inércia e inovar? Como descrito na teoria: para que um corpo possa sair da inércia é necessária a aplicação de uma força sobre ele. Pois então, você pode até não perceber, mas queiramos ou não, recebemos diariamente a ação de uma força invisível e poderosa. A força do mercado. Ela se manifesta pela entrada de um número cada vez maior de jogadores, sejam concorrentes para seu emprego, sejam de novas empresas com os mesmos ou melhores produtos do que o seu, e exatamente por essa concorrência, por clientes a cada dia mais exigentes.

E o que fazer? A resposta é simples. Atenção para os movimentos do mercado. Lembre-se da ressonância. Lembre-se da eletricidade.

109

Entre em ressonância com os clientes, esteja antenado para o que está acontecendo no mercado como um todo. Eletrize-se, saia da cadeira e ouça seus clientes, ouça sua equipe, ouça seus vendedores, ouça o mercado. Busque compreender em que direção essas forças estão atuando. A partir daí seja rápido. Antecipe-se às necessidades dos clientes, crie novos produtos, lance-os primeiro. Não fique satisfeito com sucessos passados, pois é justamente o que costumamos fazer.

É muito cômodo mantermos a inércia quando acertamos em algum produto ou serviço ou, ainda, quando conquistamos uma boa situação dentro de uma empresa. E é justamente nesses momentos de comodismo que acontecem as grandes derrotas.

As forças do mercado estão cada vez mais poderosas e não mais permitem repetirmos sucessos passados. Estes certamente serão copiados e, em vários casos, até melhorados pela concorrência. Portanto, sair da inércia, inovar, deve ser um exercício de cada dia. Devemos estar atentos diariamente ao mercado e aos sinais que este nos emite. Comportando-nos assim estaremos preparados para enxergar as oportunidades primeiro, e a mudar o rumo de nossas ações com maior velocidade do que a concorrência.

A *força da liderança*

O líder também é responsável por criar um ambiente favorável para que sua equipe saia da inércia. Quando cria esse ambiente ele também pode ser considerado uma força externa, um motivador para que seus liderados transformem suas energias fazendo mais com menos, buscando novas ideias, fazendo diferente e inovando.

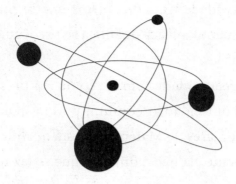

Física Moderna

O conceito

Dá-se o nome de Física Moderna à parte da Física que se desenvolveu a partir do século XX. Os dois pilares em que a Física Moderna se sustenta são a teoria da relatividade e a mecânica quântica.

A Física Clássica, ou a mecânica newtoniana, continua a ser válida para movimento e forças, matéria e energia, fenômenos com os quais convivemos em nosso dia a dia e que se movem com velocidades extremamente pequenas comparadas com a velocidade da luz. Para sistemas microscópicos, como os átomos e os fenômenos que ocorram com velocidades próximas da velocidade da luz, é preciso recorrer à mecânica quântica e à teoria da relatividade. Então é isso, a teoria da relatividade trata de objetos que se movem a grandes velocidades, enquanto a física quântica se preocupa com corpos de pequenas dimensões.

A teoria da relatividade tem a reputação de ser algo incompreensível para um cidadão comum, porém quem sabe resolver problemas elementares de Matemática está qualificado para entendê-la. Tecnicamente ela não é difícil, o que se faz necessário é uma alteração do nosso quadro imaginário do mundo, pois o universo não se comporta da forma revelada pelas nossas experiências pessoais quando nos movemos a grandes velocidades.

Einstein se imaginou montado num raio de luz e a partir daí tirou suas conclusões. Ele disse que se uma locomotiva se deslocasse com velocidade próxima à velocidade da luz o seu comprimento diminuiria, sua massa aumentaria e o tempo também aumentaria. Ou seja, para quem viaja a grandes velocidades o tempo passa mais lentamente, vive-se mais. Para um passageiro que está dentro de uma locomotiva que se move a 298.500 km/s, um ano decorrido para ele equivale a dez anos para quem ficou parado na terra. Não é uma loucura? E o mais louco ainda é que tudo isso é verdade. Objetos a grandes velocidades comportam-se exatamente da forma prevista por Einstein, tudo isso foi comprovado no acelerador de partículas que se encontra em Genebra.

Entretanto, o resultado mais famoso da teoria da relatividade é a equivalência entre massa e energia. $E = m \cdot c^2$. A massa é uma forma de energia. Se convertêssemos 1 grama de matéria em energia produziríamos uma quantidade suficiente para iluminar uma cidade de 100 mil habitantes por um período de um mês. Que mente fértil!

A CIÊNCIA DO SUCESSO

Veja onde podemos chegar. E acreditem. Não mais conseguimos viver sem a contribuição dessa teoria.

A relatividade está simplesmente em tudo. Precisamos dela a todo o momento. Por exemplo, uma de suas aplicações é determinar a posição correta de uma aeronave em voo, bem como sua velocidade para que ela possa descer com segurança num determinado aeroporto. E isso é feito por meio de uma perfeita sincronia entre os relógios existentes a bordo de um satélite de posicionamento global (GPS) e outro em terra.

A Física Quântica se dedica ao estudo do comportamento dos átomos e das partículas que os constituem. Ela estabelece que a energia dessas pequenas partículas não pode assumir qualquer valor. Ela é quantizada, ou seja, alguns valores são possíveis e é dada por: $E = h \cdot f$, onde h é uma constante, e f, a frequência da luz. Podemos entender este termo "quantizada" da seguinte forma: ou você paga uma ou duas cervejas, ou não paga nada. Jamais um número fracionário delas, por exemplo, 1,5 cervejas. O garçom só recebe números inteiros de cerveja. A energia dos átomos também se comporta assim. Ela assume valores múltiplos de uma grandeza fundamental.

A Física Quântica é um mundo inteiramente novo, um novo tipo de Matemática, uma ruptura fundamental na compreensão das irregularidades da natureza.

A luz aqui é tratada como se fosse constituída por um feixe de partículas, e sua energia é concentrada em pequenos pacotes chamados de fótons. A energia de um fóton depende da sua frequência. Quanto maior a frequência, maior será a energia transportada por ela. Por essa razão é que não devemos ficar expostos à radiação

PROFESSOR PACHECÃO

ultravioleta, uma vez que ela possui grande frequência que implica grande energia, o que pode causar câncer de pele. $E = h \cdot f$ (h = constante de Planck, e f, a frequência da onda).

Uma contribuição interessante da Física Quântica é o princípio da incerteza, que afirma que **você não pode medir nada sem provocar uma mudança no que mede**. Na intimidade, a natureza também tem suas dúvidas. De uma forma mais elementar, podemos dizer que o princípio da incerteza afirma ser **"impossível medir simultaneamente a posição e a velocidade de uma partícula, assim como a energia e o tempo durante o qual a partícula possui aquela energia"**. O ato de medirmos algo altera aquilo que está sendo medido. Isso nos leva a crer que estaremos sempre incertos a respeito de alguma coisa. Algo como nosso futuro e o resultado de nossas ações. Em suma, a vida nem sempre é newtoniana como gostaríamos, fundamentada nas relações previsíveis de causa e efeito. Há momentos em que ela é quântica, pautada pelo princípio da incerteza e isso não é de todo ruim, afinal, a incerteza é o caminho da liberdade, do livre-arbítrio e isso é presente do Criador.

A importância de se estudar Física Quântica reside no fato de que nossos padrões de comportamentos e relacionamentos são similares aos padrões de comportamentos das partículas constituintes do átomo. Na realidade, nós seres humanos, somos o elo entre o mundo real e o mundo da Física Quântica. Nossa essência, bem como a consciência que temos da realidade são norteadas pelas leis quânticas. Sendo assim, pode-se dizer que a incerteza quântica também se manifesta em nós, pois, embora possamos medir as propriedades das ondas e das partículas, é impossível medirmos as propriedades dessa mistura onda-partícula, que é o que nos constitui.

A CIÊNCIA DO SUCESSO

A Física Moderna e os sonhos

"Imaginação é mais importante que inteligência."

ALBERT EINSTEIN

*"As únicas coisas que podem ser previstas
são as que já aconteceram."*

EUGENE IONESCO

*"Eu consigo calcular o movimento dos corpos celestiais,
mas não a loucura das pessoas."*

ISAAC NEWTON

*"Se você acredita que pode, você tem razão. Se você
acredita que não pode, também tem razão."*

HENRY FORD

Perceba que todo corpo traz em seu interior minúsculos sistemas solares, até mesmo em um fio de cabelo, pois somos constituídos de átomos. É por isso que a Física Quântica trata todos os corpos como se fossem constituintes de um mesmo organismo. Daí você ouvir a expressão "o que você pensa muda o mundo" ou "se uma borboleta bate as asas em Cingapura pode fazer chover no sertão nordestino", etc.

Irmãozinhos, existe uma informação nesse ponto que, apesar de não ter nenhuma prova de sua validade, vale a pena comentá-la e até mesmo ajustá-la ao nosso cotidiano. Quero inclusive deixar claro a todos os colegas que esses conceitos, os quais já foram anteriormente comentados, servem apenas à Física Quântica. Como somos formados por partículas subatômicas, e sendo estas objetos de estudo dessa disciplina, acredito não estar proferindo nenhuma heresia, nem mesmo rompendo com as normas preestabelecidas.

PROFESSOR PACHECÃO

Estou apenas tentando comprovar algo que já existe na prática e que é do conhecimento de todos.

Shakespeare, em *Hamlet*, ato V cena II, diz: "Fui impulsivo, mas louvada seja a impulsividade, pois a imprudência às vezes nos ajuda, onde fracassam as nossas tramas muito planejadas. Isso nos deveria ensinar que há uma divindade, dando a forma final aos nossos mais toscos projetos". Isso foi dito em torno do ano de 1550 e até hoje continua válido, acho mesmo que isso já valia desde os primórdios da civilização, ou seja, há 10.000 anos. A razão é simples. A comparação vem do fato de que, quando pensamos, gastamos energia. Como há uma relação entre energia e frequência ($E = h \cdot f$), dá para imaginar que quando penso, o meu pensamento possui uma frequência semelhante à emitida por uma emissora de rádio. A onda eletromagnética emitida pela antena entra em ressonância com o rádio, dá-se o contato e a comunicação se estabelece. O mesmo pode se imaginar com nossos pensamentos. As ondas cerebrais emitidas pela minha cabeça entram em ressonância com o objeto desejado e o processo se efetiva.

Na década de 1950 víamos pela TV alguns cientistas russos operando carrinhos de autorama através do uso de ondas cerebrais. Daí dá para justificar o temor que devemos ter com o que falamos e pensamos. No fundo nossas vidas têm muito a ver com isso. É o que acontece quando fazemos uma visita a algum amigo e levamos a tiracolo um guarda-chuva. Ao encostá-lo na parede é muito comum dizermos: não posso esquecer este guarda-chuva. Geralmente, chegamos de volta à nossa casa sem ele. Pode observar, é muito comum isso acontecer. Inúmeros exemplos poderiam ser ditos aqui, tais como: tenho medo de ficar doente, tenho medo de perder dinheiro, temo que minha esposa me traia ou tenho medo de que minha empresa vá à falência, e por aí vai. Na maioria das vezes o que mais tememos é o que frequentemente acontece.

A CIÊNCIA DO SUCESSO

Portanto, a partir de hoje vamos nos preocupar com o que falamos e pensamos. A Bíblia diz: "o mal é o que sai da boca do homem". Vamos dizer então apenas o que queremos e não o que tememos.

A partir de agora você irá dizer: tenho que me lembrar de levar este guarda-chuva, quero saúde, quero ganhar muito dinheiro, quero o bem para todas as pessoas, quero ser feliz... Isso é o que a natureza, com toda a sua sabedoria, recomenda.

A importância dos sonhos

Sonhe, sonhe acordado, sonhe grande. Sonhe com intensidade, com tudo aquilo que deseja, com o lugar aonde você quer chegar, a quantidade de dinheiro que deseja ganhar, com tudo o que o fará feliz ou, simplesmente, com as coisas que o deixarão realizado e que para você significam sucesso.

Sonhe de tal maneira que seus sonhos se tornem em sua mente tão reais ou palpáveis de forma que seja possível até tocá-los.

Imagine-se fazendo aquilo que tanto almeja, dirija em sonhos o carro que tanto deseja, esteja imaginariamente ao lado daquela pessoa que você tanto ama.

Saiba que todas as realizações que existem no mundo físico, produtos, serviços, eventos, inovações, revoluções passaram em algum momento pela cabeça de algum ser humano.

Eleve os seus sonhos para as estrelas. Fazendo isso, no mínimo você estará:

- gastando suas **energias** em algo positivo e prazeroso.
- entrando em **ressonância** com aquilo que deseja.
- encontrando um **foco** para sua vida.
- reunindo **forças** internas para sair da **inércia**.

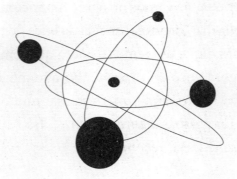

Força gravitacional

O conceito

> Matéria atrai matéria na razão direta das massas e na razão inversa do quadrado da distância.

Essa é a Lei da Gravitação Universal de Newton. Essa lei quer nos dizer que todas as coisas existentes no universo exercem uma força de atração sobre nós. As estrelas, as galáxias, o Sol, a Lua, os prédios, os insetos, as pessoas, enfim, tudo e todos com os quais interagimos diariamente.

Entretanto, a maior força é a exercida pela Terra, na sequência vem a da atração do Sol, depois a da Lua e, por fim, a dos objetos familiares.

É por isso que permanecemos ligados à Terra, em momento algum seremos repelidos por ela.

A força gravitacional é diretamente proporcional ao produto das massas e inversamente proporcional ao quadrado da distância entre elas. Onde **M** e **m** são as massas dos corpos, **d** é a distância entre seus centros.

A explicação

A natureza quer que estejamos próximos, que sejamos apenas um. E à medida que nos aproximamos, mais nos atraímos e mais fortalecidos ficamos, pois entre dois corpos quaisquer existe uma força de atração que é proporcional ao produto de suas massas dividido pelo quadrado da distância entre eles.

Constata-se, por meio da teoria citada acima, que um corpo de massa maior exerce uma atração também maior. Eu exerço uma força de atração sobre uma maçã e o planeta Terra também. Se essa maçã se soltar do local onde se encontra, ela cairá na Terra, e não em mim. Isso porque a Terra a atrai com maior intensidade. É bom lembrar que a maçã também atrai a Terra com força igual a que foi atraída. Essa é a Terceira Lei de Newton, ainda se lembra dela?

Antes da descoberta da Lei da Gravitação Universal, os cientistas faziam distinção entre a gravidade terrestre e a gravidade celeste. Para eles, entre a Terra e a Lua os fenômenos eram explicados pela física terrestre enquanto entre a Lua e a mais longínqua das estrelas os fenômenos eram explicados pela física celeste. Existia entre esses dois mundos o sublunar e o celeste, uma diferença significativa nos movimentos observados.

No mundo sublunar o movimento natural era o movimento retilíneo, enquanto no mundo celeste era o movimento circular.

Os cientistas antes de Newton mantinham a mesma ideia de movimento imaginada por Aristóteles, de que todo movimento acima da Lua era mantido por uma força de natureza divina, enquanto para abaixo dela o movimento era proporcionado por qualidades internas existentes nos próprios corpos que os levavam a ocuparem os seus lugares naturais. Por exemplo, o lugar natural de uma pedra, segundo Aristóteles, era a Terra, logo, quando abandonada ela tenderia imediatamente a procurar o seu lugar natural.

O que levou Newton a superar essa distinção artificial entre esses fenômenos celestes e terrestres foi quando acompanhou a queda de uma maçã, e na linha de visada desse movimento enxergou a Lua no céu. Ele imaginou que a mesma força que fez a maçã cair se estendia até a Lua e agia igualmente sobre ela. Com isso, Newton demonstrou que a mesma física que se usa para estudar fenômenos na Terra se usa também no céu.

Newton pensou assim: se ignorarmos a resistência do ar e abandonarmos uma pedra de determinada altura ela cairá em linha reta em direção à Terra. Se jogarmos essa pedra para frente com certa velocidade ela seguirá uma trajetória curvilínea, pois será atraída pela Terra e cairá um pouco adiante. Se aumentarmos demasiadamente essa velocidade ela poderá descrever uma trajetória de curvatura igual a da Terra e nos atingir pelas costas. É justamente isso o que faz a Lua e qualquer outro satélite. O que não deixa a Lua ou um satélite cair na Terra é a velocidade que eles possuem, pois todos estão sendo atraídos pela Terra. Se um super-homem subir até a Lua, cessar o seu movimento e em seguida abandoná-la com certeza ela cairá em linha reta até nós.

O grande mérito de Newton foi tornar o universo rigorosamente matemático e preciso. Construiu a primeira síntese dos conhecimentos acumulados até então pela humanidade sob uma visão fundamentada na mecânica, em que tanto as menores partículas quanto os maiores corpos celestes movem-se todos de acordo com os mesmos princípios matemáticos.

Força gravitacional e mãos à obra

"As dificuldades, como as montanhas, aplainam-se quando avançamos por elas."
ÉMILE ZOLA

"Dez mil dificuldades não constituem uma dúvida."
ISAAC NEWTON

"Os milagres acontecem às vezes, mas é preciso trabalhar tremendamente para que aconteçam."
PETER DRUCKER

Newton uniu o céu à Terra

Podemos ainda ter alguma dúvida sobre a capacidade humana de empreender e tornar possível a realização das metas definidas?

Tenhamos a preocupação de não deixar nossos desejos e sonhos ficarem presos à Terra. Não permita que coisas ruins o atraiam e impeçam sua caminhada rumos às estrelas. Mas também não permita que os seus sonhos fiquem presos às estrelas, traga-os para a Terra! É possível? Fácil não é, e daí? A dificuldade é atributo embutido nas coisas boas. Pague para ver. Comece agora. Levante-se e vá. Trabalhe.

Não existe outra forma de se conseguir o que se quer sem trabalhar (lembre-se: ação e reação). Temos que conjugar esse verbo no presente do indicativo todos os dias. Não existe Papai Noel, Branca de Neve e duendes. O que existe é trabalho, conquista e muita luta. Enfim, essa é a vida. Estamos aqui para isso mesmo, crescemos quando somos desafiados, descobrimos nossa força quando deparamos com desafios que, em princípio, parecem intransponíveis. E eles são importantes, "pois atrás de todo problema existe uma oportunidade brilhantemente disfarçada". Precisamos estar cientes de que existem técnicas para encarar a vida e os desafios, e é isso de que precisamos aprender.

O mesmo acontece a uma nave espacial. Ela gasta cerca de 3.500 litros de combustível por segundo para escapar da atração da Terra, e consegue. Temos combustível para isso! Basta estabelecer a meta, o foco e partir. A nave Pioneer 10, por exemplo, lançada pela NASA em 1972, já saiu do Sistema Solar e agora perambula pela infinitude de nossa galáxia.

Não há obstáculos reais, tudo está no seu imaginário. O que nos resta é agir, dar o primeiro passo... Foi o que fiz.

Conclusão – Pachecão e as Leis da Natureza

*"O que transforma qualquer ato em algo extraordinário
é o fato de fazermos aquilo com o coração e o que
transforma qualquer vida numa existência extraordinária
é o fato de ser vivida com amor."*

MARK SANBORN

A CIÊNCIA DO SUCESSO

"Rir muito e com frequência; ganhar o respeito de pessoas inteligentes e o afeto das crianças; merecer a consideração de críticos honestos e suportar a traição de falsos amigos; apreciar a beleza, encontrar o melhor nos outros; deixar o mundo um pouco melhor, seja por uma saudável criança, um canteiro de jardim ou uma redimida condição social; saber que ao menos uma vida respirou mais fácil porque você viveu. Isso é ter tido sucesso."

RALPH WALDO EMERSON

Física Moderna

Fazendo uma análise fria de toda a minha caminhada, percebo que, muitas vezes, mesmo sem saber, segui rigorosamente as leis da natureza. Isso certamente contribuiu de maneira decisiva para que obtivesse destaque e sucesso em minhas atividades. Tive sonhos delirantes em minha infância, e estes me guiaram e forneceram a energia necessária para que o primeiro passo fosse dado: sair de casa. Venci a inércia e fui para o mundo.

Venho de uma das mais belas cidades do estado de Minas Gerais. Nasci em Laranjal e posso afirmar uma coisa: as mulheres dessa cidade desenharam de alguma forma meu destino. Quando ainda morava por lá, estava determinado a namorar uma garota, mas ela preferiu ficar com um amigo que tocava violão. Fiquei aborrecido, e para conquistá-la decidi aprender a tocar esse instrumento. Tempos depois, mesmo executando algumas melodias, jamais consegui uma oportunidade de aproximação ou qualquer sinal de interesse para um relacionamento futuro. Com um violão a tiracolo, andava dias e noites pelas ruas da cidade tentando impressioná-la. Nada

PROFESSOR PACHECÃO

consegui. A situação era desalentadora e tudo indicava um desfecho desfavorável.

Fiquei enfurecido e resolvi dar a volta por cima. É devastador, porém superimportante, o aborrecimento proveniente de um descaso. Somente ele é capaz de atingir o mais profundo e nobre sentimento que habita o ser humano. E quando despertado produz uma tempestade de ideias e emoções que resultam em estratégias das mais inusitadas e eficientes. Se canalizadas de forma apropriada, com certeza lhe indicarão o caminho do sucesso.

Oscar Wilde teve a sensibilidade em ler com detalhes a natureza humana. Isso ficou bem representado quando disse: "A insatisfação é o primeiro passo para o progresso de um homem ou de uma nação".

Para ganhar a atenção daquela garota, era preciso surpreendê-la. Pretendia fazer algo extraordinário. Pensei: se o violão produz nela um efeito perturbador, imagine o que produzirão vários instrumentos reunidos? Daí veio a ideia de gravar um disco. E para sensibilizá-la significativamente, imaginava levando esse disco à sua casa e entregando-o em mãos. Queria que percebesse o prejuízo que tivera por ter escolhido o "cara" errado. Como havia preferido o violão do amigo, no meu disco também teria violão, só que viria acompanhado de guitarra, gaita, bateria, cavaquinho, percussão, baixo elétrico, viola de 12 cordas, contrabaixo, metais, triângulo e chocalho. Para impactá-la ainda mais, queria que ele fosse produzido pelo mesmo produtor do Chico Buarque de Hollanda (Mazolla – o principal produtor musical do Brasil na época). Além disso, gostaria que esse disco também fosse gravado na mesma gravadora do Chico (Polygram – a maior gravadora de discos do planeta; os principais

124

A CIÊNCIA DO SUCESSO

artistas do Brasil e do mundo eram contratados por ela). Veio-me essa ideia, pois, naquele momento, eu estava com um disco do Chico em mãos. Materializei a cena com um firme pensamento e me vi realizando o feito. Detalhe: não sabia cantar nem tocar, ou seja, não sabia e não sei absolutamente nada de música. Só sei ouvir.

Já o segundo sonho foi fazer novela na Rede Globo. Como na minha casa não havia televisão, eu ia até a casa de um vizinho. E ele tinha uma irmãzinha que era fissurada em novelas. De tanto ir à sua casa para ver Tarzan às 16 horas nas sextas-feiras, comecei a gostar da menina. Ela sabia tudo da vida de todos os artistas. Aquilo me irritava sobremaneira. Por mais que eu tentasse entabular uma conversa, jamais tive uma oportunidade. E nas poucas vezes que ela se interessou pelas minhas perguntas, as respondia monossilabicamente e olhando para a TV. Nem sequer uma vez me olhou. Aborreci-me e prometi novamente dar a volta por cima. Você vai ver o que perdeu, sua ingrata. Um dia farei novela, serei artista da Globo! E quando quiser me ver, terá que se contentar olhando para a TV como está fazendo agora ou por foto nas revistas de artistas.

Detalhe: não sabia dançar, atuar, interagir com o público, caminhar no palco, não tinha consciência corporal, nem mesmo desenvoltura suficiente para interpretar uma tartaruga e, além disso, era super-hiper-mega-ultratímido. Faltava-me, inclusive, o pré-requisito essencial para ser artista de novela: a beleza. Naquela época seria desclassificado até para filme de terror.

Estes dois alucinantes sonhos de minha infância e adolescência foram determinantes para que eu saísse de minha casa. Saí da zona de conforto e mergulhei no desconhecido. Como diz Anselm Grün:

"Quem evita o desconhecido jamais se apossará de sua própria força. Terá uma vida confortável, porém tediosa. Esse tipo de pessoa raramente sente entusiasmo. Sua vida permanecerá estéril. Falta-lhe a tensão. Falta-lhe o desafio da vida. Necessitamos do desafio de realizar algo para que possamos viver de forma saudável. O homem cresce mediante o seu objetivo. O homem obtém a liberdade apenas quando ultrapassa os seus próprios limites".

Fui estudar no Colégio Agrícola de Campos, no estado do Rio de Janeiro, em 1976, e em 1979 mudei-me para São Paulo.

Viver em São Paulo foi um dos momentos mais fascinantes de toda a minha existência e um período de grande aprendizado. Nos grandes centros as pessoas fazem suas apostas mais audaciosas. Eles são um verdadeiro laboratório humano, e a diversidade de valores e cultura são fatores primordiais para a criação e dispersão de novas ideias. Confesso que nasci de novo. Minha grana acabou em quinze dias e, para aumentar ainda mais a adrenalina, fiquei desempregado por nove meses. Ufa!!!

Fiz questão de atravessar esse deserto de cabeça erguida, pois tinha a certeza de que no final encontraria a Terra Prometida. Naturalmente, nessa travessia, tive ajuda de alguns anjos, por exemplo, Olímpio e Celina. Somente eles sabem o que vivi. "Os amigos são a forma de Deus cuidar de nós." Aprendi a conviver com a ausência. Tive que desenvolver habilidades para me relacionar naquele novo universo. Superei tudo e a metamorfose aconteceu. Um homem novo surgiu.

Mesmo tendo uma linguagem e os comportamentos adequados, faltava-me o **foco,** não sabia como dar os primeiros passos. Dependia

A CIÊNCIA DO SUCESSO

das pessoas que mal conhecia. Não sabia o que buscar na vida além de gravar o disco e fazer novela. Não sabia nem o que estudar na faculdade, não havia nada programado nem mesmo para o dia seguinte. Minha caminhada era uma incógnita. Prestei vestibular treze vezes. Isso mesmo, treze vezes. Não era falta de inteligência. Meus amigos achavam que eu tinha distúrbios mentais, mas era pura falta de foco. Consegui até ser reprovado em um vestibular para Agronomia na cidade de Alegre, no Espírito Santo, com apenas dois candidatos por vaga. Somente consegui passar quando defini o que queria fazer: Engenharia Química. Passei no vestibular da Universidade de São Paulo (USP), um dos mais concorridos do país. Mas foi exatamente nessa época, um pouco antes de prestar o último vestibular, que encontrei o principal foco de minha vida. Aquele que me daria ânimo para acordar cedo todos os dias, aquele que perseguiria durante os 25 anos seguintes de minha jornada.

Aconteceu no último dia de aula do cursinho preparatório que fazia em São Paulo. Como tradição pelo encerramento das aulas, o professor de português, Cosme, convidou os alunos da turma para cantarem "Trem das onze", de Adoniran Barbosa. Em seguida, sugeriu que alguém fosse cantar com ele. Momento de tensão, ninguém se manifestou. Seguiram-se mais alguns segundos. Levantei-me e subi no palco. Ele me perguntou se eu sabia cantar aquela música. No momento me deu um branco tão intenso que se ele perguntasse o meu nome, com certeza diria que havia me esquecido. Como disse, eu era super-hiper-mega-ultratímido. Vim da roça e lá, quando chegava uma visita, as crianças acompanhavam o desenrolar da conversa atrás das portas, olhando pelo buraco da fechadura ou pela fresta. Duas pessoas para mim era multidão. Mesmo com toda essa guerra interna levantei-me e sacrifiquei o meu medo. Caminhei de

PROFESSOR PACHECÃO

encontro a ele. Caminhe você também, companheiro, encare o seu medo e ganhe a vida. Estava com a macaca naquele dia. Disse-lhe que eu o acompanharia e cantamos.

Terminada a música, palmas e aplausos que me causaram arrepios. Pela primeira vez na vida fui aplaudido. Adorei! Queria eternizar aquele momento. Decidi naquele instante que seria professor de cursinho pré-vestibular. Aquilo foi forte demais para mim. (Amigo, por favor, saia da **inércia**. Levante agora e tome as rédeas de sua vida. Não perca as oportunidades que certamente aparecerão ao longo de sua caminhada.)

Quando falei para o meu pai que eu havia decidido ser professor ele ficou muito chateado. Disse-me que provavelmente teria que me sustentar para o resto da vida, pois o meu salário talvez não fosse suficiente para atender às minhas necessidades básicas.

Como de costume, para surpreendê-lo e dar a volta por cima, disse-lhe pausadamente e em bom tom: Meu pai, eu vou ganhar dinheiro sendo professor. **Esse foi o meu terceiro sonho**. Detalhe: a matéria que escolhi para lecionar era a que eu mais odiava, tinha pavor de Física, não sabia absolutamente nada sobre suas leis e seus princípios. Não ficar desempregado foi a razão pela qual a escolhi. Afinal, ninguém gosta mesmo de Física! Essa escolha também teve influência por causa da forte amizade que havia entre mim e o meu professor de Física na época – Ernesto –, professor do cursinho ETAPA.

Dias depois comprei um livro de Física com os exercícios todos resolvidos e comentados. Estudei até a exaustão. Pronto! Aprendi Física. Saí da inércia. Afinal, tudo é uma questão de vontade e atitude. Desde então mantive o foco no sonho de ganhar dinheiro como professor. Missão praticamente impossível dentro de um sistema educacional completamente engessado, com profissionais desvalorizados em um ambiente desmotivador. Mas talvez uma missão menos improvável do que gravar um disco com o Mazolla e distribuído pela Polygram, ou ser ator em uma novela da Rede Globo. Abracei a Física como matéria, e vejo agora com clareza como as mesmas leis que ensinei para os alunos com a finalidade de aprová-los nos mais diversos vestibulares do país são passíveis de aplicação em nosso cotidiano e em nossas vidas.

Princípio da conservação de energia

Raramente um profissional consegue êxito em qualquer coisa quando não sabe fazê-la com graça. Fui um professor que sempre procurou não transmitir tristeza aos meus alunos, mas tranquilidade e paz, alegria e vontade de viver. Devo-lhe dizer que, durante os 25 anos em que lecionei Física para vestibulandos, tive excelentes momentos para exercer o perdão, e o fiz.

Tive também oportunidades para gastar minha energia e sacrificar minha juventude em discussões desnecessárias e reclamações descabidas, e não o fiz. Nem sequer uma única vez me indispus com algum parceiro de trabalho ou aluno. Estava bem claro para mim o fato de que estar executando aquela tarefa era uma decisão exclusivamente minha, e que eu estava ali para servir. Caso não estivesse satisfeito que pedisse as contas e me retirasse.

Sempre fui extremamente otimista e mantive o alto-astral em todas as situações. Transformei minhas energias para o bem, procurei ser efetivo, fiz o meu trabalho da melhor forma possível e amei a vida.

PROFESSOR PACHECÃO

Busquei criar na sala um ambiente alegre, descontraído e inovador. Totalmente diferente de tudo o que ali já havia se estabelecido. Os resultados foram surpreendentes e o rendimento, o melhor possível.

Ação e reação

Percebi logo no início como professor que a dificuldade em ensinar Física não residia somente na sua incompreensão. A Língua Portuguesa e a Matemática também contribuíam fortemente para isso. Observei que os meus alunos quando liam as questões não compreendiam claramente o que estava sendo pedido, e quando isso não acontecia, a dificuldade estava em trabalhar com os dados fornecidos e chegar naquilo que se pedia. Era um caos. Para reverter esse quadro comecei a dar aulas de exercícios aos sábados e domingos. Nessas aulas, procurava trabalhar a compreensão do texto e a matemática básica. No início não cobrava nada dos alunos, tampouco da escola, uma vez que, para mim, seriam poucas aulas. Acontece que a galera gostou e aquelas aulas começaram a fazer parte do calendário deles. Continuei não recebendo essas aulas até o fim do ano. Meu diretor aparecia na escola nos fins de semana e eu, para ser notado, começava a cantar e a gritar, coisa que meus alunos acompanhavam com muito fervor. Cheguei a pensar que ele tinha deficiência auditiva, pois os gritos eram percebidos a cinco quarteirões ou mais de distância, e ele ali, ao lado, não ouvia. Mais tarde entendi a falta de audição: ele não queria se comprometer; na realidade, não queria me pagar. Tampouco reclamei, pois não havia combinado mesmo aquelas aulas.

De qualquer forma esperava um dia receber, mesmo que não fossem todas, mas que negociássemos, pelo menos. Esperava um

A CIÊNCIA DO SUCESSO

agrado, um presentinho, um carinho e nada. Continuei na minha "toada", afinal, acreditava no produto que estava vendendo. A natureza não erra. Vale o que está escrito: toda ação tem uma reação. Sabia que um dia iria receber.

E continuei trabalhando. Sábados e domingos, religiosamente, estava lá. Meus alunos começaram a melhorar o rendimento e a ver a Física com outros olhos. Perderam o medo e passaram a gostar da matéria.

O vestibular chegou e, como de costume, uns passam e outros não. Os aprovados foram embora e os reprovados também. Os que não passaram mudaram para a concorrência, pois eles jamais admitiriam que o insucesso no vestibular era culpa deles. Alegavam que o problema era do cursinho, que não ensinou direito.

Acontece que no outro curso não havia um professor que estivesse tão preocupado com o sucesso deles como eu. Diante disso, eles começaram a colocar na caixa de sugestões o meu nome para que eu fosse dar aulas lá. E foi o que aconteceu. Fui convidado para uma conversa.

Saí da sala do diretor da concorrência direto para a sala do diretor da escola em que eu lecionava com a proposta na mão. Depois de um tempo de negociação percebi que ele se dispunha a pagar os mesmos 50% de aumento que o concorrente havia oferecido. Acontece que para ele eu pedi 100% de acréscimo.

Perguntou furioso:

– Por que para mim você pede 100% e para o concorrente 50%?

– Porque entre nós tem um atrasado que você nega em assumir. Lecionei praticamente todos os sábados e domingos e você nem sequer me fez um agrado.

Passado o constrangimento, ficou de pensar. Para apressar sua decisão, no outro dia desci com minha turma gritando escadas abaixo e passei diante da porta dele. Percebi que a leitura que ele fizera foi: se eu não pagar, esse cara vai embora e ele não vai sozinho. Vai levar essa turma toda com ele. Dito e feito. Negócio fechado. Pagou os 100%. Recebi indiretamente as aulas que havia dado e que ele até então se negara em acertar. A natureza não erra. Toda ação tem uma reação. Está comprovado. Pode acreditar!

Concluí ao longo da vida que a melhor maneira de conseguirmos aquilo que queremos é ajudando os outros a conseguirem aquilo que eles querem. Portanto, ajude sua empresa a crescer que você crescerá com ela. E se por acaso o seu gerente não pagar o que você merece, já sabe, a concorrência pagará. E lembre-se: quando está trabalhando tem sempre alguém de olho em você.

Foco

Um professor pode ser considerado um gestor da sala de aula, pois lidera seus alunos e coordena o processo de ensino-aprendizagem com eles.

Como professor de cursinho pré-vestibular, meu foco obviamente sempre foi o foco de todos os meus clientes-alunos: a aprovação nos vestibulares.

O que fazer dentro desse cenário desafiador, com clientes dos mais diversos perfis, níveis de conhecimento dos mais variados, com desejos diferentes, mas todos com o mesmo objetivo?

Confesso que minha primeira preocupação não era ensinar-lhes, mas, sim, incutir-lhes o desejo de aprender. Procurava motivá-los

A CIÊNCIA DO SUCESSO

a estudarem sozinhos e a se tornarem autodidatas. Este é o grande desafio. Tinha que transformar aqueles indivíduos. Entendê-los e ajudá-los a encontrar o seu foco. Se conseguisse isso, eles começariam a estudar sozinhos, a se preocuparem com seus rendimentos, a quererem dar o salto de vestibulandos para universitários.

É isso, amigos, tudo passa pela vontade. Tenho que despertar em cada jovem o desejo de aprender e de conquistar seus sonhos. Tenho de fazê-los querer. E quando uma pessoa quer uma coisa é que nem fogo de morro acima e água de morro abaixo. Ninguém segura.

Como disse La Fontaine: "O homem é feito de tal maneira que, quando algo incendeia sua alma, as impossibilidades desaparecem". Prova disso foi mostrado numa antiga reportagem do *Jornal Hoje* da TV Globo. Um rapaz que vivia anos nas ruas do Recife foi aprovado em primeiro lugar num concurso em que havia 19.000 candidatos e não fez nem sequer cursinho preparatório. Estudava sozinho todos os dias na Biblioteca Central. E mais: Guimarães Rosa aprendeu a falar e a escrever alemão sozinho, pois tinha o desejo de ser embaixador na Alemanha; e esperanto ele aprendeu também sozinho e em apenas 28 dias, pois iria entrevistar um cidadão que se expressava apenas nessa língua.

Com foco tudo é possível, não importa a crise econômica, a situação do Brasil e a conjuntura mundial. Saiba que o maior inimigo do sucesso é a ausência de foco.

A reflexão da luz

Certa vez cheguei à sala de aula e senti o baixo-astral dos alunos. Tentei de todas as formas reabilitá-los, entretanto o esforço foi

PROFESSOR PACHECÃO

inútil. Nada consegui. Perguntei o que estava ocorrendo e eles me disseram que o vestibular estava chegando. Disse-lhes que aquilo era normal. Revelaram-me que a existência do medo era decorrente da falta de estudos. Disse-lhes que aquilo não era normal. Continuaram dizendo que o tempo era tão exíguo que nem dava para ler os livros. Para animá-los disse-lhes que ainda havia tempo suficiente de se prepararem e, para mostrar-lhes que aquilo era possível, eu iria fazer vestibular com eles. Instantaneamente o ânimo foi restabelecido, e um sorriso sarcástico e desafiador se instalou em cada rosto. "Duvido que você tenha coragem!" – foi o que ouvi. Em seguida disse-lhes que poderiam me inscrever em qualquer curso de qualquer faculdade da cidade. Tiraram cópia da minha identidade e me inscreveram. No outro dia trouxeram minha inscrição pronta, e assim que a recebi veio o ímpeto de rasgá-la e depois alegar que havia perdido. O falatório no cursinho era um só: Pachecão vai nos desafiar, ele fará vestibular com a gente, já fizemos sua inscrição. Ele pediu para que escolhêssemos o curso. O cara é louco, meu! Foi um comentário geral.

Até o meu diretor foi me dar os parabéns:

– Que lindo, professor, o senhor vai fazer vestibular com os meninos!!! Parabéns!!!

Do corredor levei-o até a sua sala e pedi para que a porta fosse fechada.

– Meu diretor, o senhor acha que eu vou fazer vestibular com esses alunos? Sou feio, mas não sou burro. Eu não vou passar, senhor. Fazer para quê, para levar uma surra? Só sei Física. E as outras matérias? Estou brincando com eles. Isso é só para motivá-los.

A CIÊNCIA DO SUCESSO

– Mas, professor! O senhor é um pai para esses meninos. E de mais a mais não pode mentir para os jovens. O senhor terá que fazer vestibular com eles.

– E se eu não fizer?

– Te mandarei embora.

– E se eu fizer e não passar?

– Aí é que te mandarei embora mesmo. Por justa causa, inclusive.

Fiquei pensando qual das opções seria a melhor. Ser despedido por não ter feito as provas ou por ter sido reprovado no vestibular. Como o clima se tornou insustentável tanto nas salas de aula como na sala dos professores, resolvi que era mais digno correr o risco e encarar as provas.

Resolvi estudar. Passava os fins de semana mergulhado em Biologia, literatura, Geografia, História, etc. Ficava tão focado a ponto de a minha mulher perguntar o que era aquilo. Dizia que estava brincando com os meus alunos e que iria fazer vestibular com eles. Então ela dizia:

– E quando é que você vai brincar comigo?

– Ai, meu Deus – pensava. Além de perder o emprego estou correndo o risco de perder minha mulher também.

Estudei feito louco. Estava longe de saber tudo, mesmo assim encarei a situação.

"É necessário ter o caos aqui dentro para gerar uma estrela." Essa frase de Nietzsche me sustentou e deu forças para encarar mais esse desafio. Caminhei de cabeça erguida na direção do meu medo e acreditei que havia feito o melhor. Fiz e refiz a prova até os últimos minutos. Não havia mais ninguém na sala, apenas eu e o fiscal.

PROFESSOR PACHECÃO

Dias depois saiu o resultado. Passei em primeiro lugar. Matei a pau!!!

Nietzsche tinha razão. Atravessei o meu deserto e virei estrela de primeira grandeza.

Liderança é desempenho, é conquista, é ir lá e fazer o que tem que ser feito. Líder é aquele que apresenta a causa, o exemplo e a estratégia. Você precisa estar consciente de seu desempenho, porque todo mundo está.

Entrei na escola nos braços dos alunos. O agito era ensurdecedor. Fiz uma festa. Enviei a lista de aprovados no vestibular daquele ano em um lindo envelope colorido para alunos, ex-alunos, professores e diretores, inclusive para os diretores dos cursos concorrentes. A cidade tomou conhecimento do ocorrido. Saí em jornais e revistas, inclusive nas emissoras de rádio e televisão. Isso deve ser sempre lembrado: nossos resultados positivos têm que ser divulgados. Os bons resultados revelam a qualidade dos nossos produtos e a excelência da nossa equipe.

Uma coisa eu aprendi. Dizer que imagem é tudo é a mais pura verdade. As pessoas fazem aquilo que veem. Não adianta você pedir aos seus colaboradores que façam uma coisa sendo que você faz outra, isso não funciona. Percebi que pouco adiantava eu pedir para que meus alunos estudassem. Surtiu efeito quando me viram tirando dúvidas na sala de monitoria e estudando firme e concentrado. Inclusive nas aulas de livros e na resolução de exercícios que eram ministradas nos fins de semana. A partir daí eles fizeram o mesmo. "As palavras ecoam e os exemplos arrastam." O mais surpreendente é que naquele ano a porcentagem de aprovação do cursinho foi uma das melhores.

O líder precisa ser ousado para ser seguido. O sucesso dos colaboradores é diretamente proporcional à audácia do seu líder. Caminhei no meu deserto, vivi dias de plena escuridão e de muita agonia. Não sabia o que viria dali. Prepare-se, estude, lute, não tenha medo de nada e encare a vida. Quero dizer-lhe que fui aprovado, fiquei bem na "fita", pedi aumento salarial e fui prontamente atendido. E além de tudo isso, o fato de ter me arriscado foi de fundamental importância para o que viria pela frente em minha caminhada. Quer uma sugestão? "Seja lá o que fizer, seja bom nisso."

Força elétrica

É sempre bom lembrar que nasci entre morros e vales e lá vivi sem nenhuma criança para brincar durante toda a minha infância. Quando encontrei os meus alunos, fui viver a infância que estava latente em meu peito. Interagi com eles de forma única e acredito que esse foi o grande segredo.

Não fui professor apenas para ensinar. Fui para viver, sorrir, amar e ser feliz. Dinheiro? Na realidade, apesar de ter determinado em minha vida que conseguiria ganhar dinheiro como professor, no início nem pensava nisso. Platão já dizia "onde não há amor, só há problemas de carreira e de dinheiro para o professor; e tédio para os alunos".

Executei uma das tarefas mais árduas da existência humana, a ponto de Freud classificá-la como impossível. Ele disse que havia três funções impossíveis por definição: "educar, governar e psicanalisar".

PROFESSOR PACHECÃO

Para tanto, educar não exige apenas competência; é preciso, além de muita técnica, muita arte e muito amor. Amor pelo conhecimento, pelo aluno e pela construção do conhecimento. Nossa relação não se restringiu apenas à sala de aula. Churrascos, *shows*, boates e viagens. Durante nossa convivência procurei transmitir alegria, tranquilidade, paz e muita vontade de viver. Fui amigo dos meus alunos, e em certos casos mais amigo que seus próprios pais. O medo nunca fez parte da nossa relação, pois o medo paralisa e dispersa o grupo. Além disso, o medo impede a criatividade e gera desconfiança.

Em certos momentos também fui rigoroso com eles, afinal, nosso foco estava delineado e era preciso muita seriedade. Aprovação maciça no vestibular, essa era a nossa meta. Caso houvesse alguém fora do compasso convidava-o para uma conversa sincera e clara. Procurei agir com racionalidade e nunca no calor da emoção, sempre informando as razões que me levaram a tomar certas decisões. De forma contundente dizia que acreditava em sua transformação.

Procurei sempre despertar o lado bom que existia dentro de cada aluno. Fiz que cada um se sentisse levado a sério. Construí pontes com todos eles.

Com a palavra, Anne Bruce: "Quando você trata o crescimento pessoal como um elemento de motivação, você muda a maneira como as pessoas encaram o próprio trabalho, ajuda-as a se tornarem mais competentes e lhes dá um objetivo cheio de significado para saírem para trabalhar todos os dias".

Motivar é isso, é investir nas pessoas. Interagimos, atritamos, ficamos altamente eletrizados e formamos um grupo forte e vencedor. A eletricidade foi vital para o nosso relacionamento e sucesso.

A CIÊNCIA DO SUCESSO

Ressonância

Como vimos, a ressonância é um fenômeno poderosíssimo. É por meio dela que se dá a comunicação entre as pessoas, o aquecimento global, o fato de o céu ser azul, a possibilidade de sintonizar uma emissora de rádio, de um suave vento derrubar uma ponte de concreto, entre outras aplicações.

Fazer uso desse fenômeno da natureza é, no mínimo, manifestação de sabedoria e perspicácia. Posso afirmar categoricamente que a única diferença entre minhas aulas e as dos outros colegas professores está na comunicação, na interação com os alunos. O conteúdo todo mundo sabe e, se não sabe, basta pegar um livro e estudar. Para um professor, apenas o conhecimento profundo de sua área não é o mais importante. O grande diferencial está no entusiasmo, na comunicação e no relacionamento com os seus alunos. Para Napoleão Bonaparte "o entusiasmo é a maior força da alma. Conserva-o e nunca te faltará poder para conseguires o que desejas".

No início da minha caminhada, para relaxar a moçada durante as maçantes aulas de Física eu cantava algumas músicas de pura brincadeira e que não tinham nada a ver com a matéria. Até que pintou a ideia de gravá-las em um disco (**saí da inércia – dei o primeiro passo**).

Os músicos eram meus próprios alunos (Bob Faria no contrabaixo, Alisson Zuim na guitarra e Humberto Mainenti na bateria) e fomos para o estúdio. Mandei fazer duas mil cópias, vendi 500. No corredor da minha casa, havia 1.500 discos de vinil. Minha mulher, quando arrumava a casa, dizia:

– O que vamos fazer com estes discos, meu amor?

PROFESSOR PACHECÃO

Eu respondia que, quando nossos amigos viessem nos visitar, a gente daria de suvenir um disco daqueles. Sabendo disso os amigos sumiram.

Um desses 500 alunos que compraram o disco levou-o para um primo que trabalhava numa emissora de rádio e pediu para que ele o colocasse no ar. Só que o primo nunca colocou. Distribuí meus discos para todas as emissoras de rádio de Belo Horizonte e em seguida ligava pedindo uma das músicas, na esperança de que alguém as tocasse. Só o Cristiano Lopes, da Rádio 107 (a Rádio do Rock), e o Pascoal, no seu programa *Acorda, Pascoal*, tocaram. Pelo que sei só tocaram essas duas vezes. Se alguém ouviu? Não sei. Nem eu mesmo as ouvi.

– O disco é ruim demais, Pachecão – diziam os meus alunos. – Por isso que ninguém põe pra tocar.

– Mas eles vão ter que tocar. Vocês querem ver?

Peguei os telefones de algumas emissoras de rádio, coloquei no quadro e, humildemente, solicitei que a galera ligasse e pedisse meu som.

Naquela época, eu lecionava para mais ou menos 5.000 jovens, e muitos destes se dispuseram a ajudar. Ligaram, também liguei e bastante. Certa vez, em torno das onze horas da noite, consegui falar ao vivo com um locutor de uma emissora de rádio de grande audiência. Pedi que ele tocasse a música chamada "Piranhão com dedicatória e tudo". Ele disse que lá não existia o disco que tinha essa música. Respondi sem titubear:

– Como não tem, irmãozinho? Eu deixei o disco aí hoje pela manhã.

Ele deu uma desculpa qualquer e tocou "Sorria, meu bem", de Evaldo Braga. Foi hilário! Nunca ouvi minha música no rádio. Esse negócio de ligar para emissora de rádio e pedir para tocar sua música só deu certo no filme *2 Filhos de Francisco*.

Semanas depois alguém da Rede Globo do Rio de Janeiro ligava para Belo Horizonte. Era a fenomenal atriz Regina Casé com o seu programa *Brasil Legal*. Ela solicitava a alguém da Rede Globo Minas que encontrasse algum maluco pra fazer o programa com ela. A funcionária que recebeu essa incumbência namorava um locutor de uma das rádios de Belo Horizonte, e ele mais que depressa mandou meu disco para o Rio de Janeiro na esperança de se ver livre, de mim e do disco. Regina Casé gostou e, juntos, fizemos o maravilhoso *Brasil Legal*.

O país inteiro, no outro dia, queria comprar os meus discos que estavam encalhados no meu corredor. Disse-lhes que não venderia, uma vez que eles queriam músicas de Física e lá só havia músicas de gozação.

Não vendi nem um disco sequer. O produto não era bom.

Nesse momento saí novamente da inércia. Passei a fazer canções das matérias que eles tinham mais dificuldades e também acrescentei as músicas que eu já cantava desde os tempos de supletivo. "Leia os sinais", era o que minha mulher recomendava.

Quando não era possível fazer uma canção para facilitar o aprendizado saía à busca de outra forma para abordar o problema. Por exemplo, para estudar os gases perfeitos ou ideais utiliza-se a equação de Clapeyron, que é dada por: $P . V = n . R . T$; onde P é a pressão exercida pelo gás, V é o volume do gás, n é o número de mols, R é a constante universal dos gases e T a sua temperatura em Kelvin.

Para facilitar a memorização da fórmula, eu dizia: **P**ro **V**estibular **N**unca **R**ezei **T**anto. Em contrapartida a sala retrucava: **P**achecão **V**iado **N**ão **R**ejeita **T**arado. O que fazer diante disso?

Nada. Aceitei a sugestão deles. Afinal, o objetivo fora alcançado. Eles guardaram a fórmula, e se caísse essa matéria eles acertariam a questão.

O negócio é fazer os alunos aprenderem os tópicos mais complexos sem que eles saibam que estão fazendo isso.

Certa vez, John Rockfeller disse aos seus colaboradores: "O segredo do sucesso é fazer as tarefas mais comuns de maneira incomum". Foi o que procurei fazer em todas as minhas aulas. Faça diferente e seus resultados serão diferentes, inclusive a sua conta bancária. Verifique o foco do seu cliente e ajuste o seu ao dele. Naquele momento o meu objetivo não era transformá-los em físicos, mas, sim, tornar a matéria compreensível para fazê-los passar no vestibular. Se eles aprendiam dizendo: **Pachecão viado não rejeita tarado**, então, essa seria a forma que usaríamos quando o assunto fosse gás ideal. Afinal, a natureza recomenda, fale a linguagem do seu cliente.

Dois anos mais tarde lancei o CD *Odeio Física*. Dessa vez acertei no produto. Estava em ressonância com o meu cliente (entrei em ressonância com ele inclusive no título, afinal, a maioria dos alunos odeia Física).

Atendi às necessidades deles. Conseguia vender Física nas salas de aula e logo estava vendendo milhares de cópias desse CD.

O meu desejo era tornar a Física acessível a todos, e com o disco isso se tornou possível.

A Segunda Lei de Newton

Acertar o produto e estar em total ressonância com o cliente fez que acontecesse aquilo que seria a oportunidade para um dos

A CIÊNCIA DO SUCESSO

maiores saltos na minha carreira. Fui convidado para participar do programa *Jô Onze e Meia*, no SBT. Na época, o programa era líder absoluto em audiência em todo o território brasileiro. Júlio Adriano, um músico de Belo Horizonte que participara na elaboração das melodias do disco *Odeio Física*, levou o meu CD e o apresentou à produção do programa em São Paulo.

Confesso que estava com o maior medo do Jô; eu hospedava um incômodo e persistente friozinho na barriga. Afinal, o Jô é um cara extremamente inteligente e sua presença impactante mete medo em qualquer cidadão que possui certa dose de bom senso. Esse medo se tornou mil vezes maior por causa presença nada amistosa de um professor que, durante os intervalos de aula no cursinho, ficava me atormentando, dizendo que o Jô iria ficar indignado quando soubesse que eu ficava cantando com os alunos em vez de dar aulas. Aqueles comentários rudes e maliciosos me davam certo desespero e a vontade de cancelar minha participação no programa começava a tomar corpo dentro de mim. Pensava: "Ai, meu Deus! E se o Jô me detonar? O que será de mim?". Não preguei os olhos nas 24 horas seguintes. Uma agonia se instalou e uma insônia permanente me fez companhia durante toda a noite. Enquanto rolava na cama me veio uma ideia: se eu for sozinho posso até dançar nas mãos do Jô, mas se eu levar minha galera, não tem como ele me pegar.

Na manhã seguinte liguei para a produção do programa e perguntei se poderia levar alguém comigo. O encarregado da produção perguntou quantas pessoas eu queria levar. Então indaguei quantas pessoas caberiam lá. Ele disse que 180 pessoas, ao que eu perguntei se poderia levar as 180. Ele respondeu que não, que apenas dez pessoas.

PROFESSOR PACHECÃO

Mas eu não desisti. Insisti que se o auditório estivesse lotado de alunos que soubessem minhas músicas seria maravilhoso. Finalmente, ele disse que sim, que eu poderia levar os 180 alunos. Aproveitei e perguntei se eles mandariam os ônibus para o transporte, afinal, estávamos em Belo Horizonte e eu não tinha o dinheiro nem para ir para São Paulo.

Dias depois três ônibus estacionaram na porta do pré-vestibular e 180 malucos criteriosamente escolhidos tomaram seus lugares. Eram os mais loucos do cursinho. Ensaiamos durante semanas. Estavam devidamente treinados iguais aos artistas do Circo de Soleil.

Se eu não tivesse levado a galera, na primeira pergunta da entrevista o Jô teria me destruído.

Na realidade, não foi essa sua intenção, o que me derrubou foi o filme que a pergunta me despertou. Lembrei do terrorismo criado pelo professor quando me dizia horrores nos intervalos.

Saí literalmente do ar. Foi horrível. A galera que estava comigo, a minha equipe, sentiu que eu havia perdido o rumo, que desconectara da realidade. Então começaram a vibrar, a cantar e a sorrir, em pouco tempo me restabeleci. Daí em diante foi só alegria. Ainda mais quando mostrei a lista de aprovados naquele vestibular que havia feito no ano anterior concorrendo com os meus alunos. Como passei em primeiro lugar geral, o Jô, com a galera, foi ao delírio.

O programa foi tão bom que se tornou matéria nos principais jornais no outro dia. Prova disso foi a sua reapresentação por cinco vezes durante as férias do Jô.

Isso mostra a importância de se trabalhar em equipe. Não importa quem faz o gol, o que importa é que o time vença. Em qualquer atividade que executamos precisamos da colaboração dos outros, e

A CIÊNCIA DO SUCESSO

a eficiência dessa contribuição é diretamente proporcional à motivação dessas pessoas.

A motivação é um processo dinâmico, por isso é necessário reunir sua equipe todas as segundas-feiras ou todos os fins de tarde para relembrar a missão, o objetivo e o foco da empresa. Assim que você, líder, perceber que algo vai mal, reúna a moçada e bote pilha na galera. A força da equipe é que faz o sucesso do seu negócio. Cabe aqui lembrar as palavras de Rinaldo Campos Soares, ex-presidente da Usiminas e Cosipa: "Onde há fé, há força. Onde há ideal, há vontade. São esses valores que mudam o mundo, renovam as crenças e fortalecem os homens. Juntos, representam a diferença entre aqueles que apenas sonham e os que fazem. Entre os que desistem e os vencem". E nós vencemos!

Inércia

Sair da inércia exige força de vontade. Dar o primeiro passo representa uma quebra de paradigma e uma ruptura com o passado. Não é para qualquer um, esse ato requer muita coragem. Para vencer tem que ter garra, determinação e muita persistência. Saiba que a água fura a pedra pela persistência. Tendo isso, a coisa fica fácil. Raul Seixas, em sua música "Ouro de tolo", cantava: "Foi tão fácil conseguir e agora eu me pergunto e daí?". Viu só? Nada complicado para quem encarou a realidade e aceitou os desafios. Quem quer consegue.

Tenha um foco bem ajustado e vá. Essa caminhada é o que chamamos de VIDA. Viver é caminhar. Você não precisa ser um super-herói para realizar as coisas que você deseja. Acredite em

PROFESSOR PACHECÃO

mim! Posso falar porque vivi tudo isso. Ainda jovem encarei a cidade de São Paulo. Saí de um interior extremamente confortável, exuberante e tranquilo e deparei com um mundo dinâmico, inusitado e imprevisível. Chorei e quis voltar, entretanto resisti e fiquei. Hoje percebo que tomei a decisão correta.

Anos depois iniciei o trabalho nas salas de aula. Trazia na bagagem aquelas emoções do tempo em que ainda era vestibulando. Como o cursinho transformou a minha relação com o mundo, queria que isso também ocorresse com os meus discípulos. Encontrei sérias dificuldades; a atividade do professor é praticamente a única que, ao longo da história, não sofreu alteração. Sempre foi a de transmitir o conhecimento, principalmente nas escolas brasileiras, e assim é até os dias de hoje. Alunos sentados, devidamente perfilados, atentos ao que está sendo ensinado. E o professor de pé, em movimento pela sala, transmitindo o conteúdo. Isso é o que podemos chamar de "a inércia da educação". Tudo permaneceu da mesma forma desde os tempos de nossos avós.

Quando decidi exercer essa função não foi para continuar fazendo o que já estava sendo feito. Foi para inovar. Queria deixar fluir a vibração e o entusiasmo dos meus alunos. Queria ver rostos felizes, dentes à mostra, sorrisos largos e muita ansiedade e disposição para aprender. Queria tornar a sala de aula um ambiente mais gostoso que a cantina, que o corredor, que a quadra de esportes, e o tempo de existência da aula mais gostoso que o intervalo. Esse era o meu foco. É preciso ter meta, pois a meta motiva.

Para realizar tudo isso é preciso fazer diferente. Era e é latente essa necessidade. Sempre tive absoluta convicção de que para aprender

A CIÊNCIA DO SUCESSO

é preciso estar interessado. E por incrível que pareça essa função é do professor, às vezes ele se esquece disso. O negócio dos alunos é alegria, então vamos ser alegres. Além disso, vamos cantar e vibrar. Afinal, tudo isso faz parte da aprendizagem.

Cantei durante 25 anos, nas turmas da manhã, tarde e noite. Daí saiu o primeiro CD *Odeio Física* e o Brasil comprou. Investi tempo e dinheiro na elaboração desse disco. Depois saíram várias reportagens sobre ele nos maiores e melhores jornais deste país. Participei de vários programas de TV: *Domingão do Faustão*, *Programa Livre* do Serginho Groisman, programas das apresentadoras Hebe, Xuxa, Angélica, entre outros.

Alguns anos depois os convites dos cursos concorrentes começaram a surgir. Inclusive convites de escolas de outros estados. Enfim, passei a trabalhar em vários estados na mesma semana. Na segunda-feira estava em Joinville e Jaraguá do Sul, em Santa Catarina, na terça em São Paulo, na quarta em Belo Horizonte, na quinta em Brasília, na sexta em Salvador e, em alguns sábados, na cidade de Juiz de Fora. E nos fins de semana viajava o Brasil de ponta a ponta fazendo *shows* de Física. Transformei os principais ginásios das grandes cidades em salas de aula.

Fiz isso durante cinco anos

Só como exemplo, a maioria das nossas aulas era uma maratona de cinco horas ininterruptas em ginásios lotados com 8.000 alunos ou mais. A organização da aula era assim: fazíamos a revisão de um determinado assunto, cantávamos uma música e depois fazíamos exercícios pertinentes àquele assunto estudado. Era sucesso total. Os alunos aprendiam. Vendíamos os ingressos a R$ 15,00, e depois da aula muitos alunos compravam também o livro e o CD. Fizemos isso por muito tempo, em média 400 aulas-*shows* foram ministradas.

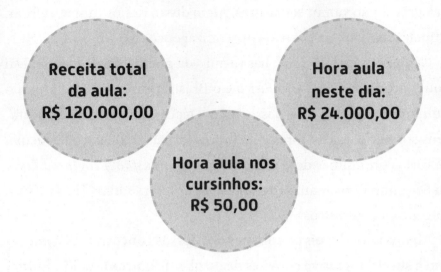

Isto é inovação!

Hoje posso afirmar com tranquilidade que consegui ganhar dinheiro como professor. Quando tudo isso aconteceu fiquei surpreso comigo mesmo, afinal, venho literalmente da roça, das circunstâncias mais desfavoráveis possíveis. Estudei em escola rural e parecia-me bastante improvável eu conseguir realizar o sonho de muitos.

No dia em que eu apareci no programa do Jô, a Marilene Gondin, empresária do Milton Nascimento, assistia ao programa no Rio de Janeiro e no outro dia recebi sua ligação. Fizemos um contrato. Como minha empresária, sua primeira ação foi refazer o CD *Odeio Física*. Ela levou a ideia para o Mazzola. Ele aceitou e, em seguida, nos falamos. Regravamos o disco nos maravilhosos estúdios da MZA, e a Polygram distribuiu o meu CD Brasil afora. Por incrível

A CIÊNCIA DO SUCESSO

que pareça realizei o meu primeiro sonho. Mesmo sem saber cantar, meu disco foi produzido pelo Mazzola e distribuído pela Polygram. Do jeitinho que eu havia desejado.

Tempos depois, com esse disco em mãos retornei à minha cidade à procura da garota que me incentivou a fazê-lo e também para dar por encerrado aquele sonho. Quem procura, acha. E achei. Assim que a vi, 25 anos depois, não a reconheci. Entreguei o disco como imaginado e concluí o quanto foi bom ela ter escolhido o outro, o amigo do violão. Se ela ouviu a minha música eu não sei, mas que eu fiz o disco com o Mazzola e nele vem a chancela da Polygram, isso eu tenho certeza de que fiz. Valeu garota, pela recusa e pela inspiração!

Meses depois fui convidado para fazer o papel de professor no programa *Sandy e Junior*. Fiquei 15 dias em Campinas na companhia dos diretores, artistas, técnicos e profissionais da Rede Globo. Era um artista global. Levantava às 6 horas da manhã e voltava para cama às 2 ou 3 horas da madrugada. Senti na pele o que é fazer televisão. Ficava horas e mais horas sentado no *set* de gravação esperando o meu momento de entrar em cena. Foi bom, adorei, mas ser professor é muito mais fácil.

Fiz a novela na Rede Globo como havia imaginado e depois saí nas revistas que comentam a vida dos artistas. Participei de vários programas. Para que a minha participação fosse permanente teria que morar em Campinas e abandonar a sala de aula. Escolhi os alunos.

Se aquela menina de Laranjal me viu na TV fazendo novela, não sei, mas que eu fiz, ah, isso eu fiz. E como foi bom! Valeu garota, pela recusa e pela inspiração!

Se eu não tivesse saído da inércia estaria morando com os meus pais até hoje, com certeza fazendo as mesmas coisas e colhendo os mesmos resultados. Portanto, saia da inércia você também e venha "viver a vida que há para viver".

> **"Não há nada como um sonho para criar o futuro."**
> Victor Hugo

Obrigado, meninas! Obrigado, Papai do Céu!

Força gravitacional

O negócio dos cursinhos preparatórios para o vestibular enfraqueceu-se de maneira irreversível com a expansão do número de universidades, faculdades e cursos tecnológicos em todo o território brasileiro. Felizmente essa multiplicação de instituições de ensino superior facilitou de maneira extraordinária a entrada dos jovens nas faculdades e universidades, tornando os vestibulares um processo em vias de extinção.

Por outro lado, as oportunidades de trabalho e crescimento no setor dos cursos preparatórios para o vestibular, que na década

A CIÊNCIA DO SUCESSO

de 1990 eram pulsantes, agora se tornaram quase nulas ou inexistentes. Os grandes cursinhos da época ou faliram ou se transformaram em escolas regulares ou em instituições de ensino superior. Vinte e cinco anos depois de muito esforço, conquistas e vitórias, a força invisível do mercado fez que novamente tivesse que sair da inércia. Tinha que reinventar o meu negócio.

Felizmente também, em janeiro de 2005, fui sequestrado. Quatro rapazes me pegaram e me levaram para as montanhas de Belo Horizonte. Semanas depois fiz aquilo que até então nunca havia feito: estava na igreja para agradecer ao meu bom Deus pela graça de poder continuar curtindo a força da gravidade, com os pés firmes sobre a Terra.

Semanas depois, encontrei nessa comunidade paroquial um ex-aluno que me convidou para fazer uma palestra a um grupo de empresários no Tauá Hotel & Convention, um grande centro de eventos da grande Belo Horizonte.

Fizemos uma releitura das leis da Física (as apresentadas neste livro são apenas um exemplo) e descobrimos, como viram, que elas podem explicar não somente os fenômenos da natureza, mas também nosso cotidiano, os relacionamentos, o sucesso e as mais diversas situações dentro de uma comunidade, de uma instituição e de uma empresa. Depois disso não parei mais.

Agora apresento a Física, suas aplicações e minhas experiências como gestor da sala de aula para empresários, gestores, gerentes, executivos, vendedores, educadores, jovens e para o público em geral. Ministro mais de 100 palestras motivacionais por ano. Continuo dando aulas em escolas e cursinhos de Belo Horizonte, mas o negócio de palestras motivacionais tornou-se minha principal atividade.

PROFESSOR PACHECÃO

Meus clientes de ontem, os milhares de ex-alunos espalhados por todo o Brasil, para minha alegria, são os meus clientes de hoje em minhas palestras. E posso garantir que agora se divertem muito mais ao relembrar as fórmulas, as músicas de Física, ao ter a oportunidade de reviver os momentos da juventude e da sala de aula.

Eles ainda se surpreendem com as aplicações dessas leis para atingirem o sucesso em suas vidas e em suas empresas. Certamente não odiarão mais a Física.

Bendito sequestro, benditos rapazes. Transformaram a minha vida.

Hoje vivo melhor, ganho muito mais e trabalho muito menos. Valeu, rapazes, pela recusa de apertar o gatilho e pela inspiração!

"A vida é uma coisa inteligente, as coisas não acontecem por acaso."

"Em tudo dai graças."

"Atrás de cada problema existe uma oportunidade brilhantemente disfarçada."

"Todas as coisas são possíveis para as pessoas que acreditam que elas são possíveis."

Irmãozinho, tudo isso é verdade, pois experimentei. Portanto, arregace as mangas, mantenha os pés na Terra e a cabeça nas estrelas.

Fazendo isso, e seguindo as leis da natureza, você conquistará o seu sucesso.

E não se esqueça: aproveite a vida!

A CIÊNCIA DO SUCESSO

A ciência do sucesso

Fisicamente comprovado o que os gurus e os livros de autoajuda dizem:

Seja Otimista. Pense positivo.
Tempo é dinheiro. Faça mais com menos.
Evite atritos.
➤ *Lei da Conservação de Energia*

Dê o primeiro passo. Tome iniciativa.
Aprenda com os erros.
Pense estrategicamente.
Aja com precisão
➤ *Terceira Lei de Newton e Ação e Reação*

Defina aonde quer chegar.
Metas e objetivos. Estabeleça prioridades.
Organize as tarefas.
Concentre-se no que estiver fazendo.
➤ *Convergência. Foco*

Cuide da sua imagem.
Defina seus valores. Valorize sua marca.
Seja exemplo.
➤ *Ótica. Luz. Reflexão*

Aumente seus relacionamentos.

Saiba conviver com as diferenças.

Aproxime-se de sua equipe, de seus clientes.

> *Força Elétrica*

Talentos diferentes são fundamentais.

Trabalho em equipe é fundamental.

Liderança para conduzir a equipe ao foco.

> *Segunda Lei de Newton*

Comunique-se com clareza.

Saiba ouvir. Sintonia com sua equipe.

Vendas é relacionamento

> *Ondas. Ressonância*

Saia da mesmice. Corra riscos.

Faça diferente. Inove.

Antecipe as necessidades dos clientes

> *Primeira Lei de Newton*

> *A Inércia*

Sonhe.

Acredite nos seus sonhos.

> *Física Moderna*

> *Teoria da Relatividade*

> *Mecânica Quântica*

A CIÊNCIA DO SUCESSO

Mantenha os pés no chão.

Tire as ideias do papel.

> *Força Gravitacional*

ESTA É A
CIÊNCIA DO SUCESSO!

Referências

ALMEIDA, Sérgio. *100% Cliente*. Salvador: Casa da qualidade, 2004.

AQUINO, Felipe. *Ciência e Fé*. Lorena: Cléofas, 2007.

BARBOSA, Ricardo. *Conversas pelo caminho*. Curitiba: Encontro Publicações, 2008.

BAKER, Mark W. *Jesus, o maior psicólogo que já existiu*. Rio de Janeiro: Sextante, 2001.

BLACKWOOD, Oswald H. *Física na escola secundária*. Rio de Janeiro: Fundo de Cultura, 1958.

BRENNAN, Richard P. *Heisenberg probably slept here*. New Work: John Willy & Sons, 1997.

BRUCE, Ane. *Como motivar sua equipe*. Rio de Janeiro: Sextante, 2006.

CAPRA, Fritjof. *Pertencendo ao universo*. São Paulo: Cultrix, 1991.

CARNEGIE, Dale. *Como fazer amigos e influenciar pessoas*. São Paulo: Companhia Editora Nacional, 2006.

COSTA, Flávio Moreira da. *Viver de rir*. Rio de Janeiro: Record, 1994.

CURY, Augusto. *Pais brilhantes, professores fascinantes*. Rio de Janeiro: Sextante, 2003.

EISBERG, Robert; RESNICK, Robert. *Quantum physics of atoms*. Rio de Janeiro: Campus, 1979.

GONICK, Larry; HUFFMAN. *Introdução ilustrada à física*. São Paulo: Harbra, 1994.

GUIMARÃES, Luiz Alberto Mendes; BOA, Marcelo Cordeiro Fonte. *Física para o 2º grau*. São Paulo: Harbra, 1997.

GRÜN, Anselm. *No ritmo dos monges*. São Paulo: Paulinas, 2006.

GRÜN, Anselm. *Seja fiel aos seus sonhos*. Petrópolis: Vozes, 2007.

GRÜN, Anselm. *A sabedoria dos monges na arte de liderar pessoas*. Petrópolis: Vozes, 2007.

GRÜN, Anselm. *A sublime arte de envelhecer*. Petrópolis: Vozes, 2007.

GRÜN, Anselm; ROBBEN, Ramona. *Estabelecer limites – Respeitar limites*. Petrópolis: Vozes, 2007.

HALLIDAY, David; RESNICK, Robert. *Física básica*. Rio de Janeiro: LTC, 1991.

HAZEN, Robert; TREFIL, James. *Saber ciência*. São Paulo: Cultura Editores Associados, 1999.

HERALD, Justin. *Atitude*. Curitiba: Fundamento, 2003.

HEWITT, Paul G. *Conceptual physics*. Porto Alegre: Bookman, 2002.

IZOTON, Lucas. *O voo da cobra*. Vitória: GSA, 2008.

JONES, Laurie Beth. *Jesus, o maior líder que já existiu*. Rio de Janeiro: Sextante, 2006.

KAHNEY, Leander. *A cabeça de Steve Jobs*. Rio de Janeiro: Agir, 2008.

LELOUP, Jean-Yves. *Livro das bem-aventuranças e do Pai-Nosso*. Petrópolis: Vozes, 2004.

LUCADO, Max. *Ele ainda remove montanhas*. Rio de Janeiro: CPAD, 2003.

LUFT, Lya. *Perdas e danos*. Rio de Janeiro: Record, 2003.

A CIÊNCIA DO SUCESSO

DE MASI, Domenico. *O ócio criativo*. Rio de Janeiro: Sextante, 2000.

MÁXIMO, Antônio; ALVARENGA, Beatriz. *Curso de física*. São Paulo: Scipione, 2000.

MAXWEEL, John C. *As 21 irrefutáveis Leis da Liderança*. Rio de Janeiro: Pocket Ouro, 2007.

MORIN, Edgar. *A cabeça bem-feita*. Rio de Janeiro: Bertrand Brasil, 2006.

MURAD, Afonso. *Gestão e espiritualidade*. Petrópolis: Vozes, 2007.

NIEMEYER, Oscar. *As curvas do tempo*. Rio de Janeiro: Revan, 1998.

OREAR, Jay. *Fundamental physics*. Rio de Janeiro: LTC, 1975.

SANBORN, Mark. *O que aprendi com meu carteiro sobre o trabalho e a vida*. Rio de Janeiro: Sextante, 2007.

SEIXAS, Raul. *O baú do Raul*. Rio de Janeiro: Globo, 1992.

SOARES, Rinaldo Campos. *Rumos*. Belo Horizonte: Usiminas, 2005.

SCOTT, Steven K. *Salomão, o homem mais rico que já existiu*. Rio de Janeiro: Sextante, 2006.

SOUKI, Ômar. *Gênio e gestão*. Belo Horizonte: UNA Editora, 1998.

TEJON, José Luiz. *A grande virada*. São Paulo: Gente, 2008.

TIPLER, Paul A. *Physics for scientists and engineers*. Rio de Janeiro: LTC, 2000.

VITA, Álvaro de. *Sociologia da sociedade brasileira*. São Paulo: Ática, 1991.

WARREN, Rick. *Liderança com propósitos*. São Paulo: Vida, 2008.

WEIL, Pierre; TOMPAKOW, Roland. *O corpo fala*. Petrópolis: Vozes, 2002.

WELCH, Jack; BYRNE, John A. *Jack definitivo*. Rio de Janeiro: Campus, 2001.

WELCH, Jack; WELCH, Suzi. *Paixão por vencer*. Rio de Janeiro: Campus, 2005.

ZOHAR, Dannah. *O ser quântico*. Rio de Janeiro: Best Seller, 1990.